小学生心理健康教育

彭跃红　贺小卫　主编

清华大学出版社

北　京

内 容 简 介

本书是根据教育部颁发的《中小学心理健康教育指导纲要(2012 年修订)》的文件精神,针对小学中高年级学生的实际情况编写而成。全书共 24 讲,主要面向四年级到六年级的小学生,每个年级 8 讲。内容包括自我认识、人际交往、情绪管理、学习能力等方面,根据不同年级的特点,各方面的内容侧重点不一样。每讲都由导语、采蜜园、智慧岛、七巧板、百宝箱、亲子加油站六部分组成。

本书旨在帮助小学中高年级学生正确认识自己的优缺点和兴趣爱好,在各种活动中悦纳自己;着力培养学生的学习兴趣和学习能力,端正学习动机,调整学习心态,正确对待成绩,体验学习成功的乐趣;开展初步的青春期教育,引导学生进行恰当的异性交往,建立和维持良好的异性同伴关系,扩大人际交往的范围;帮助学生克服学习困难,学会恰当地、正确地体验情绪和表达情绪;积极促进学生的亲社会行为,逐步认识自己与社会、国家和世界的关系;培养学生分析问题和解决问题的能力,为初中阶段学习生活做好准备。

本书融科学性、可读性和可操作性于一体,既可作为小学中高年级学生心理健康教育教材,还可作为教师心理健康辅导的参考书。

图书在版编目(CIP)数据

小学生心理健康教育 / 彭跃红,贺小卫 主编 . —北京:清华大学出版社,2018(2024.8重印)
ISBN 978-7-302-49146-0

Ⅰ.①小… Ⅱ.①彭… ②贺… Ⅲ.①心理健康-健康教育-小学-教材 Ⅳ.① G444

中国版本图书馆 CIP 数据核字 (2017) 第 318230 号

责任编辑:王 定
封面设计:周晓亮
版面设计:思创景点
责任校对:曹 阳
责任印制:沈 露

出版发行:清华大学出版社
  网 址:https://www.tup.com.cn, https://www.wqxuetang.com
  地 址:北京清华大学学研大厦A座   邮 编:100084
  社 总 机:010- 83470000   邮 购:010-62786544
  投稿与读者服务:010-62776969,c-service@tup.tsinghua.edu.cn
  质 量 反 馈:010-62772015,zhiliang@tup.tsinghua.edu.cn
印 装 者:三河市龙大印装有限公司
经 销:全国新华书店
开 本:185mm×260mm   印 张:9   字 数:117千字
版 次:2018年2月第1版   印 次:2024年8月第7次印刷
定 价:38.00元

产品编号:075384-02

本书编委会

主　编：彭跃红　贺小卫

副主编：刘　衡　陶晓静　蔡　蓉

编　委：(排名不分先后)

刘志慧　秦文英　辜贵玉　陈丽娜

周冰清　李丽青　张美珍　刘　婷

邓珊珊　郑亦媛　吴世慧　肖小芳

张　莎　周艳姣　饶辉建　杨怡馨

序　言

　　人生各种奋斗目标归结起来就是两个字：幸福。通往幸福之路，健康的心态是基石。生活常态包含了顺利与挫折、付出与获得、自由与自律。一个人洋溢着积极精神，充满了乐观心态，更善于经营生活、得体交际，才能放大格局、走向成功。

　　学生时代，塑造品格，影响一生。如果一个人真得能够从自己或顺利、或曲折、或成功、或失败的经历中去体验、去品味、去探索、去总结，而且总是怀抱一颗不灭的信念火种，不是去武断地否定新的事物，而是去不断地否定旧的自我，那么随着生命历程的推进，我们的经验就会日趋丰富，我们的心灵就会得以升华，我们对客观事物的认识就会越来越接近于真实。我想，对心理健康教育的探究也是如此。

　　真正的教育应从"心"抓起，从学生心理成长的规律抓起，从"预防"和"发展"抓起。我们全面启动"心理健康教育五年行动计划"，就是要由关注和解决学生的心理问题转向关心和培养学生积极的心理品质，倡导和推行积极的心理引导、干预，开发学生的心理潜能，做好心理预防工作，使师生和家长具备心理健康的常识以及知晓寻求帮助的途径，让学生学会自尊自强、理性平和、积极向上，让他们的心灵深处都充满阳光和自信。

　　每一位孩子都是一朵花，只是花期各不相同，而教育的使命就是精心呵护，静待花开。期盼我们的教师能够以心理健康教育为契机，积极打开每一位孩子的心扉，走进孩子们的内心世界，陪伴他们健康成长，赢得他们内心的认可，让校园时光成为他们成长路上最难忘的记忆。

林安林

2017 年 5 月写于新干

前　言

国家倡导："每个人都要成为自己心理健康的第一责任人。"心理健康教育已经受到国家、地方政府以及各类学校前所未有的重视。很多学校在心理健康教育方面投入了大量的人力、物力和财力，建立了心理咨询室，加强了心理健康教育师资队伍建设，也开设了心理健康教育课程，但效果仍不尽如人意。从教育实践角度看，怎样科学有效地开展学生心理健康教育工作，仍然是急需解决的课题。

一直以来，我国中西部地区（尤其是农村地区）的中小学心理健康教育资源匮乏，基础薄弱，"缺医少药"的现象普遍存在。但近几年心理健康教育发展迅猛，热情高涨，无论是家长还是学校都逐渐意识到培育一个人格健全的孩子远比知识的掌握更重要。因此，各类学校也把心理健康教育课程纳入了教学计划，但心理健康教育课究竟该"教什么""怎么教"仍然是困扰大家的一大难题。针对这种情况，编写一套符合学生实际的、有助于学生成长的本土化心理健康教育教材就显得尤为重要。本套教材组织了一个强大的编写团队，聘请了大学资深心理学教授以及中小学一线心理老师，在反复调研、交流的基础上编写而成，期望能在一定程度上解决"教什么""怎么教"的问题。

本套教材分为小学、初中和高中三个阶段，每个阶段都有不同的内容和编写体系。本书是小学阶段教材，共24讲，主要针对四年级到六年级的小学生，每个年级8讲。内容包括自我认识、人际交往、情绪管理、学习能力等方面，根据不同年级的特点，各方面的内容侧重点不一样。每讲都由导语、采蜜园、智慧岛、七巧板、百宝箱、亲子加油站六部分组成。

本书旨在帮助小学阶段中高年级学生正确认识自己的优缺点和兴趣爱好，在各种活动中悦纳自己；着力培养学生的学习兴趣和学习能力，端正学习动机，调整学习心态，正确对待成绩，体验学习成功的乐趣；开展初步的青春期教育，引导学生进行恰当的异性交往，建立和维持良好的异性同伴关系，扩大人际交往的范围；帮助学生克服学习困难，学会恰当地、正确地体验情绪和表达情绪；积极促进学生的亲社会行为，逐步认识自己与社会、国家和世界的关系；培养学生分析问题和解决问题的能力，为初中阶段学习生活做好准备。

本书融科学性、可读性和可操作性于一体，既可作为小学中高年级学生心理健康教育教材，还可作为教师心理健康辅导的参考书。

在本套教材的编写过程中，新干县教育局钟海林局长做了大量的组织协调工作，并结合他几十年的教育实践经验提出了很多具体指导意见并为此书作序，主编及参编人员通力合作，在此谨向所有参与支持该项工作的各位人士表示衷心的感谢！也诚恳欢迎同行、一线教师及广大读者提出宝贵意见。

本书提供配套课件，下载地址如下：

课件

编　者

2017 年 11 月

目　　录

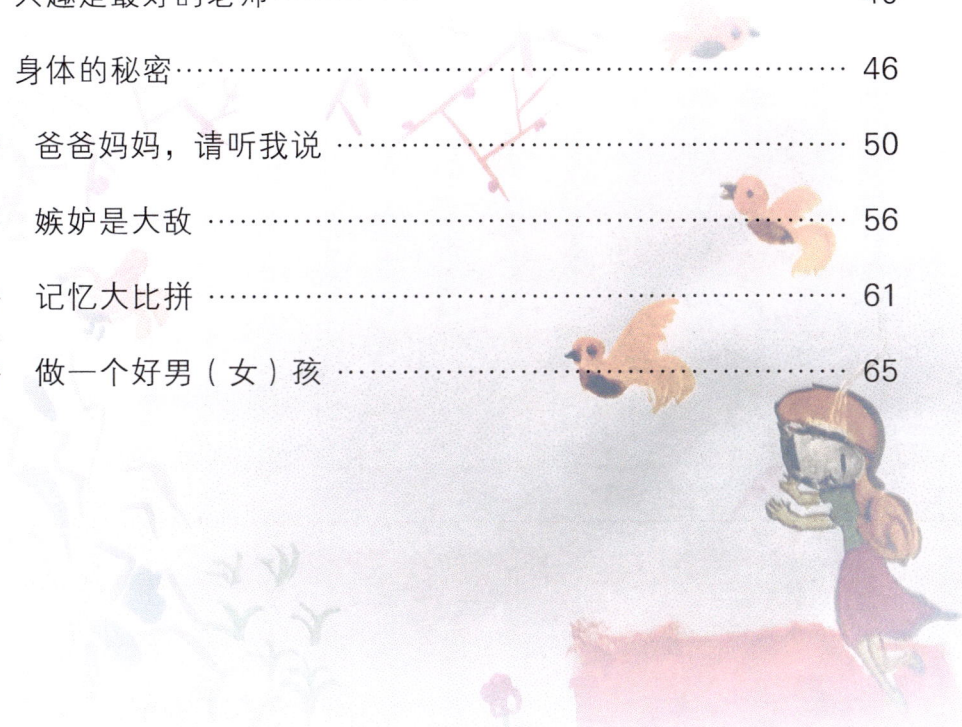

第1讲 独一无二的"我"

导语

世界上没有两片相同的树叶，同样，世上也没有完全一样的两个人，即使是双胞胎。每一个人都有自己的独特之处，无论是外貌、性格、脾气还是爱好。每一个人都是独一无二的。同学们，你想了解自己吗？你想知道自己和其他人有什么不同吗？

那么就让我们一起来认识自己吧。

采蜜园

小玉是一个总爱低着头的小女孩，她一直觉得自己长得不漂亮，不讨别人喜欢。有一天，她在商店里看到一支漂亮的蝴蝶结，戴在头上试了试。店主看到后不停地夸她戴上蝴蝶结后特别漂亮。小玉很高兴，不由得挺起了胸、昂起了头。由于她急着到学校让老师和同学们看看，结果在出店门口的时候与人撞了一下，蝴蝶结被撞掉了，但她不知道。小玉来

到学校，刚走进教室，正好碰上了她的老师，"小玉，你真美！"老师拍拍她的肩说。那一天，她得到了许多人的赞美。她想，一定是蝴蝶结的功劳，可她回到家在镜前一照，才发现头上根本就没有蝴蝶结。

智慧岛

同学们，随着年龄的增长，我们会越来越关注自己：我是一个什么样的人，我是谁？这是一个古老而永恒的话题。相信大家内心是非常渴望认识自我、了解自我的。我的性格是怎样的？爱好是什么？喜欢和什么样的同学一起玩呢？这是大家对自己的关注，也称为"自我意识"。

人要正确认识自己可不是件容易的事情，怎样对自己有个全面的认识呢？我们要做生活的有心人，通过观察生活中点点滴滴的事情来有效、真实地了解自己。

世界上最重要的事就是认识自我。解读心灵的秘密、了解自己，是一切成功的基石。同学们，在这个世界上，每个人都有与众不同的地方，都有属于自己的优点，有的同学擅长跳舞、有的同学学习成绩好、有的同学爱帮助他人、还有的同学有礼貌……尽管我们有优点也有不足，但我们每个人都是独一无二的。我优秀，我自豪；我平凡，我也自豪。我们要全面认识自己，平时要多多地发现身上的优点，大大地肯定自己。在我们遇到问题或困难时，多用积极的态度来激励自己成长。在我们人生的道路上，抬头挺胸地走，微笑地走，昂首阔步地走，充满自信地走！要相信自己，我们的明天一定会更好。正是有了独一无二的我们，才有了这个多姿多彩的世界，让我们为独一无二的自己喝彩！

七巧板

活动一　泡泡特质

每位同学都是由很多不同特质组成的，请你选择符合自己特质的泡泡，涂上自己喜欢的颜色。想一想，自己还有什么特质，可以写在空白的泡泡上面。

活泼　　开朗　　顽皮　　真诚　　善良　　羞涩

乐于助人　爱恶作剧　阳光　喜欢画画　勤奋　主动

积极　爱好唱歌　学习成绩好　书写美观　乐观　礼貌

谦虚　有爱心

　　涂完颜色后同学们互相交流：看看你们的涂色有没有完全一样的？通过这个游戏你获得了什么启示？

_____

_____

　　通过这个游戏你有什么感受？

_____

_____

活动二　猜猜我是谁

　　每个人在心形卡片纸上写出自己的爱好、长相、特长、擅长的学科等能表现自身特点的话，放在老师准备的"悄悄话"信箱里。注意不要写姓名，老师打乱抽取一些念给同学们听，让大家猜一猜，这是班上的哪位同学。

　　1. 通过这个活动你有什么感受？

_____

_____

　　2. 你了解自己吗？你了解你的同学吗？

_____

_____

3.你对自己的描述准确吗？你对自己有新的认识吗？

_____

_____

活动三　优点大轰炸

全班同学分成若干小组，每位同学轮流说某一位同学的优点。注意，在同一轮中，不能重复前面同学的发言，优点要尽量说得真实具体。

通过这次活动你有什么感受？

_____

_____

百宝箱

俗话说"当局者迷"，看来要想正确认识自己真不是一件容易的事。我们对自己的形象、优缺点、兴趣爱好、性格、脾气、能力等，都不能全面准确地了解与认识。那么，我们如何才能正确地认识自己呢？

1. 学会自我观察。我们可以先通过自己认识自己。同学们可以常常照镜子，观察自己的身高、外貌、体态，看看最满意的是哪一部分，还有什么不太满意的地方。在自我认识过程中常伴随着情感体验，如由身高外貌等引发的自豪、自信或自卑情绪情感。首先，在自我认识、自我情感体验过程中，我们会有目的地、自觉地调节和控制我们的行为和想法。其次，通过生活中一些与他人交往的事情观察自己的脾气、性格。最后，在学习中体会自己的专注力、创造力、爱好。我们要善于剖析自我，深刻认识自我，更好地认识外在形象和内在自我。

2. 注意他人评价。我们都知道"旁观者清""以人为镜可以明得失"。在认识自己的过程中，也可以通过和他人交流互动来了解自己的性格，比如询问同学、爸爸、妈妈、老师，在交流互动中了解大家对自己的印象。我们要虚心听取他人的评价，同时又要客观、冷静地分析他人的评价，以便从多角度来认识自己。

3. 尝试社会比较。自我观察和他人评价难免会带着主观意识，因此，我们可以通过合理的社会比较更好地认识自己。我们把现在的自己与过去的自己进行纵向比较，与同龄人进行横向比较，通过更全面的纵横向比较来正确认识自己。

4. 参与社会实践。我们可以通过积极参加各种活动来认识自己。学校的演讲比赛可以检验自己的口头表达能力；合作性学习，与他人合作，分析自己的人际沟通能力；组织班级成员进行一次郊游，了解自己的组织管理能力；通过读书活动，发现自己的知识掌握程度，及时地查漏补缺；等等。通过多种活动来分析自己的表现和能力，更加客观地认识自己。

亲子加油站

和爸爸、妈妈翻一翻老照片，听一听自己小时候的故事。与爸爸、妈妈聊一聊，听听他们欣赏你的哪些优点。

爸爸妈妈讲的小时候的故事	爸爸妈妈对我的评价

第2讲 收获真正的友谊

导语

朋友间只有互相吹捧是毫无意义的。"友谊"是个神圣的词汇。鲁迅说："人生得一知己足矣！"那么，你是否有这样心意相通的知己呢？好朋友，为你的快乐而快乐，为你的难过而难过，孤独时陪伴你，有困难时帮助你，犯错误时为你纠正，受到挫折时给予陪伴和鼓励……真正的友谊从来不会平静无波，它来之不易，我们应该用心去珍惜、去体会。

采蜜园

四(4)班的汪清和李霞是好朋友。她们俩是邻居，从小一块儿长大，幼儿园同班，小学也已经做了四年的同学了。汪清和李霞都是品学兼优，汪清恬静、柔美，李霞活泼、开朗，她俩就是典型的互补组合。

每天上学、放学，她俩总是形影不离。她们一同讨论难题，交流趣事，海

阔天空，无所不谈。她们既是学习的同行者，又是最好的玩伴，彼此间非常有默契，情同手足。她们的故事很多很多……有一次，李霞数学考试考砸了，为此她难过了好多天。汪清不仅时常讲笑话逗李霞开心，还总是找各种合适的时机和李霞一起探讨试卷上的题目，直到李霞知道错因并能独立做题为止。还有一次，汪清被另一个好朋友误会，闹了别扭，难过地哭了。李霞主动安慰汪清，了解清楚事情经过之后，李霞便找来那位朋友，让她们当面澄清了误会，并和睦如初。

她俩就是这样，你帮助我，我鼓励你，在学习上、在生活中，携手前行，共同进步。

智慧岛

友谊是一种双方共同凝结的亲密的特殊情感。真正的友谊是什么？真正的友谊不是"讲哥们义气"，不是肆意纵容，更不是虚伪逢迎。真正的友谊是大家在相互理解、相互信任的基础上建立起来的亲密情谊。

它给人理解和信任，给人快乐和力量，使人得到鼓舞、获得进步。上文中的汪清和李霞，就拥有这样令人称羡的友谊，她们相互鼓励、真诚互助。

友谊是一种无法言喻的美好感觉，默默温暖你的心灵；友谊是无形中伴你走过风雨，永远支持你的力量；友谊就是无时无刻都想把彼此的感动共同分享……

友谊是愉快的，也是幸福的。它会使彼此的人生更和谐与充实。有了它，我们不会感到孤独；有了它，我们的人生也变得更有意义。

友谊是同舟共济，也是力量的源泉。它可以坚定彷徨的信心，在困难中见到希望，在黑暗中见到光明，弥补心灵的遗憾，也可以唤醒迷失的同伴。

友谊是一种责任，也是一种义务。友谊会使你先朋友之忧而忧，后朋友之乐而乐；友谊会使你心甘情愿地为朋友尽义务，毫无怨言地为朋友做贡献。

处于童年时代的我们，自然少不了友谊。友谊是人生中的无价之宝，是人生中的一盏明灯，是人生中的灿烂之花。让我们用诚恳来播种友谊，用热情来灌溉友谊，用理解和宽容来呵护友谊，让这人生中神圣的友谊之花永远盛开。

七巧板

活动一　请你来帮忙

如果这些事情发生在你身上，你会怎么想、怎么做呢？

1. 皮皮告诉你："你个傻帽！你那所谓的好友出卖你啦！他正在办公室向老师告你的状呢！"

_____

_____

2. 方玲和张娟因为课间玩游戏起了小争执，她俩谁也不理谁。放学时，刘丽对方玲说："你还不知道吧？张娟就是一个小心眼儿，我早就不理她了，你以后也不要理她了。"

_____

_____

3. 熊小宇的好朋友万家乐被爸妈和老师批评后，非常伤心，他决定悄悄地离家出走，熊小宇该怎么做呢？

_____

_____

活动二　请你来分辨

谁能成为你的好朋友，让你拥有真正的友谊呢？请你选一选。

1. 在你遇到困难时，他总是义无反顾地挺身而出，无论学习与生活，无私地帮助你，不断鼓励你靠自己来解决问题。

2. 他每天都给你带好吃的薯片和好喝的雪碧。

3. 你喜欢玩游戏，他就把爸爸妈妈的手机拿到学校给你玩。

　　1 中的"他"真诚地帮助你、鼓励你，你们之间建立了真正的友谊。

　　2 和 3 中的"他"也给你带来了短暂的快乐，但过多地吃垃圾食品和玩游戏，都不利于健康成长，不是健康的生活方式，真正的好朋友不应该纵容这种行为。

活动三　请你来探讨

1. 从小学一年级开始，你的好朋友发生过变化吗？写一写他们的名字，你当时的交友标准是什么？

_____

_____

2. 你愿意拥有更多的朋友吗？你曾经做过些什么？

_____

_____

百宝箱

　　人生长路漫漫，能够有朋友相伴左右，拥有真正的友谊，就能充实而快乐。怎样才能通过健康的方式结交不同的朋友，并获得真正的友谊呢？

1. 完善自我。生活和学习中，不断培养自己开朗明智、善解人意、关爱他人的个性，不随意乱发脾气，努力维护现有的朋友关系，珍惜此刻的朋友。

2. 心存公正。和一群朋友在一起相处时，关爱要平均，顾此失彼的结果是可想而知的。

3. 扩大朋友圈。在保持自己原有朋友圈的同时，多参加一些有意义的活动，不断扩大自己的朋友圈。从现在开始建立良好的人际交往方式，你可以从拥有不同兴趣爱好的人身上学到很多不一样的东西。

4. 搭建健康的交友方式。通过筹建和参与社团活动、兴趣小组、竞技比赛等途径开展活动，这些健康的交友渠道，可以让我们认识更多的朋友，锻炼我们的社交能力。

同学们，只要大家付出真诚，不断地用心寻觅、感受，一定能够找到你人生中更多的好朋友，拥有伯牙与子期般的《高山流水》！

亲子加油站

1. 问一问爸爸妈妈，他们交友的标准是怎样的？了解一下他们有一些什么样的朋友。

爸爸妈妈的交友标准	爸爸妈妈的朋友

2. 请和爸爸妈妈一起来读一读《高山流水》的故事。

春秋时，楚国有个叫俞伯牙的人，精通音律，琴艺高超。但他总觉得自己还不能出神入化地表现对各种事物的感受。老师知道后，带他乘船到东海的蓬莱岛上，让他欣赏自然的景色，倾听大海的涛声。伯牙只见波浪汹涌，浪花激溅；海鸟翻飞，鸣声入耳；耳边仿佛响起了大自然和谐动听的音乐。他情不自禁地取琴弹奏，音随意转，把大自然的美妙融进了琴声，但是无人能听懂他的音乐，他感到十分的孤独和寂寞，苦恼无比。

一夜，伯牙乘船游览。面对清风明月，他思绪万千，弹起琴来，琴声悠扬。忽然他感觉到有人在听他的琴声，伯牙见一樵夫站在岸边，即请樵夫上船，伯牙弹起赞美高山的曲调，樵夫道："雄伟而庄重，好像高耸入云的泰山一样！"当他弹奏表现奔腾澎湃的波涛时，樵夫又说："宽广浩荡，好像看见滚滚的流水，无边的大海一般！"伯牙激动地说："知音！"这樵夫就是钟子期。后来子期早亡，俞伯牙知悉后，在钟子期的坟前抚平生最后一支曲子，然后尽断琴弦，终不复鼓琴。

伯牙子期的故事千古流传，高山流水的美妙乐曲至今还萦绕在人们的心底耳边，那种知音难觅、知己难寻的故事也在世世代代上演着。

第3讲　情绪变变变

导语

　　我们人的情绪就像一颗"神奇果"。它可以使你精神焕发，干劲倍增，也可以使你无精打采，萎靡不振；它可以使你头脑清醒，沉着冷静，也可以使你暴躁焦虑，追悔莫及；它可以使你安详从容，坦然自若，也可以使你紧张慌乱，惴惴不安……情绪严重地影响着我们的行为，影响着我们的生活，让我们一起来认识它吧！

采蜜园

　　一个大雪纷飞的早晨，琪琪坐在去学校的公交车上，司机小心谨慎地开着车，车速很慢。眼看就要迟到了，琪琪心急如焚，车上的人也开始怨声四起，琪琪更是烦躁至极。

　　终于到站了，琪琪急匆匆地走在结了冰的路上，又湿又滑。在上坡的时候，由于着急赶路不小心失去重心，琪琪结结实实地摔了一个跟头，弄得满身泥水，全身疼痛，最糟糕的是旁边好多同学都目睹了这一场面，笑声一片，琪琪感觉伤心不已。

　　琪琪强撑起来，快速地跑向教室，刚到教室，英语老师告诉她，由于英语风采大赛半决赛中琪琪发挥不好，失去了参加决赛的资格，她心里非常难受。

亲爱的同学们，你有和琪琪一样的经历吗？遇到这种问题，你会怎么做？

智慧岛

情绪，是人的各种感觉、思想和行为的一种综合的心理和生理状态，是对外界刺激所产生的心理反应以及附带的生理反应，如喜、怒、哀、乐等。情绪是个人的主观体验和感受，常跟心情、气质、性格和性情有关。

现代心理学把情绪分为快乐、悲哀、愤怒和恐惧四种基本情绪。

(1) 快乐是盼望的目的达到、紧张解除后随之而来的情绪体验。快乐的程度，取决于愿望满足的意外程度。

(2) 悲哀是失去所盼望的、所追求的东西或有价值的东西而引起的情绪体验。悲哀的强度依存于失去的事物的价值。

(3) 愤怒是由于目的和愿望不能达到或顽固地、一再地受到妨碍，逐渐积累而成的情绪体验。如果是由于不合理的原因或被人恶意造成目的无法达到，最容易产生愤怒。

(4) 恐惧是企图摆脱、逃避某种可怕情景的情绪体验。恐惧往往是由于处理或摆脱可怕情景（事物）的力量和能力造成的。恐惧比其他任何情绪更具有感染性。

这四种基本的情绪在体验上是单纯的、不复杂的，在此基础上，可以派生出许多不同情绪的组合形式，也可以赋予不同含义的社会内容。例如，由疼痛引起的不愉快是比较单纯的情绪，而悔恨、羞耻这些情绪则包含着不愉快、痛苦、怨恨、悲伤等复杂因素，是一些复杂的情绪体验。

情绪的表现形式主要是面部表情、身段表情和言语表情。表情动作与言语一样是人际交往的重要工具，在三种主要的表情动作中，面部表情起主要作用，而身段表情和言语表情往往是情绪表达的辅助手段。

七巧板

活动一　情绪体验

请你写写，遇到下列情况，你会有怎样的感觉？

1. 如果你考试取得了不错的成绩。

_____。

2. 如果你的同学无缘无故地把你新买的钢笔弄坏了。

_____。

3. 如果你的考试成绩不是很理想。

_____。

4. 如果你的老师让你代表全校同学在大会上讲话。

_____。

5. 如果歹徒持刀抢劫了你的钱包。

_____。

6. 如果你的亲人患了重病。

_____。

活动二　情绪词语接龙

在我国的文字中，描述情绪的词就有近千个，请你和同桌一起比一比，看谁能把表达喜、怒、哀、惧这四种基本情绪的词说得更多。(可以是两字词语，也可以是四字词语。)

喜：开心、高兴……　　　　怒：不满、气愤……

　　兴高采烈……　　　　　　恼羞成怒……

哀：失望、难过……　　　　惧：害怕、紧张

　　伤感悲哀……　　　　　　提心吊胆……

活动三　抢摘情绪果

1. 教师事先准备好情绪卡片，每张卡片上写着某种情绪的词汇，如"悲伤""害怕""难为情""兴高采烈"等。

2. 教师引入：森林中有一棵情绪树，上面结着各种各样的情绪果，如果有人不小心吃了某一种情绪果，他就不能够发出声音，而只能用表情或是肢体动作表达它所代表的情绪，直到有人喊出这种情绪果的名字，魔力才会消失。现在谁愿意试着尝一颗情绪果？

3. 请学生自愿上台扮演误食情绪果的"中毒者"，从教师准备好的卡片中随机抽出一张，按照上面的提示做出表情动作，不能出声，其他学生通过观察快速猜测他表现的是什么情绪，被猜对就代表着解了毒，可以下场换另外一名同学上场。教师给准确猜出情绪名称的学生以奖励。

百宝箱

不同的情绪对我们的行为和生活会产生不同的影响，当我们出现紧张、焦虑、愤怒的情绪时，不妨试着做做下面的动作。

1. 呼吸放松

(1) 闭上眼睛，背挺直，肩放松，抬头直视前方；

(2) 深吸一口气直到丹田，感觉腹部膨胀，保持肩部放松；

(3) 保持 6 秒钟，慢慢呼出；

(4) 重复两遍或更多遍，然后正常呼吸。

当然，如果你的思绪飘远了，请及时拉回来，关注呼吸；尽你所能，

多做几遍。

2. 肌肉放松训练

(1) 寻找一个位置，端正坐好；

(2) 从 1 数到 9，慢慢握紧拳头，随着数字的增大，手掌力度也逐渐增大，直到手臂的肌肉也逐渐绷紧，尽可能去感受肌肉的紧张；

(3) 坚持半分钟，感觉到手臂的紧张；

(4) 从 9 数到 1，慢慢开始放松，随着数字的减少，手臂用力也逐渐减弱，直到手掌完全松开，然后甩甩手臂，活动一下手指；

(5) 尽你所能，多做几遍，尽量去感受肌肉的紧张与松弛。

3. 数颜色法

当你不满于某个人或某些事情，想要大发脾气的时候，尽量暂时停下手中的事，独自找一个没有人的地方。首先，环顾四周的景物，然后在心中自言自语：那是一面白色的墙壁，那是一张浅黄色的桌子，那是一把深色的椅子，那是一个绿色的文件柜……一直数到 12 样物体，大约 30 秒时间。如果觉察到自己的情绪还是没有平复，就多做几遍，尽可能去觉察情绪的变化。

亲子加油站

1. 请和爸爸妈妈一起阅读下面的故事。

一只骆驼在沙漠里跋涉。正午的太阳像个火球，晒得它又饥又渴，焦躁万分，一肚子火不知往哪儿撒才好。正在这时，一块玻璃的碎片把它的脚咯了一下……疲惫的骆驼顿时火冒三丈，抬起脚狠狠地将碎玻璃踢了出去，却不小心把脚掌划了一道深深的口子，鲜红的血液顿时染红了沙砾。

生气的骆驼一瘸一拐地走着，浓烈的血腥味引来了空中的秃鹫，它叫着，在天空盘旋着。骆驼被吓得狂奔起来……跑到沙漠边缘时，浓重的血腥味引来了附近沙漠里的狼，疲惫再加上流血过多，无力的骆驼只得像没头苍蝇般东奔西突，仓皇中跑到一处食人蚁的巢穴附近。鲜血的腥味引得食人蚁倾巢而出，黑压压的向骆驼扑过去。一眨眼，就像一块黑毯子一样把骆驼裹了个严严实实。不一会儿，可怜的骆驼就鲜血淋漓地倒在了地上。临死前，骆驼追悔莫及地哀叹：我为什么要跟一块小小的玻璃生气呢？我到底怎么啦？

古人说，发脾气是本能，控制脾气是本领。亲爱的同学，骆驼临死前的哀叹，使你想到了什么？骆驼如果学会了识别和觉察自己的情绪，结局又会如何？请你大胆地猜测，和爸爸、妈妈说一说吧。

2. 讨论分享齐进步。

爸爸、妈妈夸奖我的	我需要改变的

第4讲 学习需要好习惯

导语

播下一个行动，你将收获一种习惯；播下一种习惯，你将收获一种性格；播下一种性格，你将收获一种命运。可见，习惯决定命运！有资料统计表明，对于绝大多数学生来说，学习的好坏，20%和智力因素有关，80%和非智力因素有关，而学习习惯在这些非智力因素中占有最重要的位置。你能够自主学习，拥有良好的学习习惯吗？

采蜜园

你想知道老师眼中的我们是怎样的吗？快来听听老师是怎样说的吧！

我们班中有一半左右的学生能够做到课前预习，课后复习，作业按时完成，字迹工整，格式正确；部分学生课堂上遵守纪律，按时到学校；也有一小部分学生不能按时完成作业，需要老师反复叮嘱，不断地催促，作业格式不规范，分类不严谨，上课思考问题时他们就像霜打的茄子一样——蔫了，或者是特别爱插嘴，该说话时不说话，不该说话时，却叽叽喳喳说个不停。

在学习和生活中，老师眼中的你是什么样的？你属于哪个群体？

智慧岛

我们知道，任何一种行为只要不断重复，就会成为一种习惯。任何一种思想，只要不断重复，也会成为一种习惯，进而影响潜意识，在不知不觉中改变你的行为。那么，怎样运用潜意识的力量来改变不良习惯，养成一个好习惯呢？

我们先来分析一种现象。在吃饭的时候，大多数人都是用右手拿筷子。为什么会这样？因为从小到大我们大多数都用右手拿筷子，所以形成了习惯。这说明了人是按照习惯来办事的。假如今天中午吃饭时，你不用右手拿筷子，而用左手拿筷子，你会有什么感受？不舒服、挺别扭的，对吧？这说明改变习惯是一个不舒服的过程。从今天开始，假如每天都用左手拿筷子吃饭，坚持一个月，一个月后你就不会那么别扭了，会稍微习惯一点。这说明习惯是可以改变的，只要不断重复。

行为心理研究表明：21天以上的重复会形成习惯，90天的重复会形成稳定的习惯。任何一个想法，重复21天，或者重复验证21次，就会变成习惯性想法。习惯的形成大致分为如下三个阶段。

第一阶段：1～7天。此阶段的特征是"刻意，不自然"。你需要十分刻意提醒自己改变，而你也会觉得有些不自然、不舒服。

第二阶段：7～21天。此阶段的特征是"刻意，自然"。你已经觉得自己比较自然，比较舒服了，但是一不留意，你还会恢复到从前，因此，你还需要刻意提醒自己改变。

第三阶段：21～90天。此阶段的特征是"不经意，自然"，其实这就是习惯。一旦跨入此阶段，你已经完成了自我改造，这项习惯已经成为你人生中的一个有机组成部分，它会自然而然地不停为你"效劳"。

七巧板

活动一　测一测

本问卷可用来检测你的学习习惯如何，共10题，每题有3个备选答案。选择A得10分，选择B得6分，选择C得2分。请根据自己的实际情况，圈出相应的字母，每题只能选择一个答案。

1. 学期初，你是否有具体、明确的学习目标？

A．有　　　　　　　　B．有目标但比较模糊

C．没有

2. 为实现目标，你是否制定了系统的学习计划？

A．认真做好了计划

B．想过，但没有做计划

C．从没想过，顺其自然

3. 上学时你是否迟到早退？

A．从来不　　　　　　B．偶尔会有　　　　　　C．经常迟到早退

4. 听课时，你的注意力集中吗？

A．非常集中　　　　　B．偶尔开小差　　　　　C．经常走神

5. 上课时，你是以下哪种方式回答问题？

A．积极举手回答　　　B．老师叫，才回答　　　C．很少回答问题

6. 在学校里，你有整理课桌的习惯吗？

A．有　　　　　　　　B．很少整理　　　　　　C．从不整理

7. 你在家通常是怎样学习的？

A．专心学习　　　　　B．边看电视边学习

C．有学习，但心不在焉

8.做作业遇到难题时，你的态度是怎样的？

A．先独立思考，再请教别人　　　　B．请教别人后再完成

C．懒得费神，一抄了之

9.对于听课的问题，你会怎样做？

A．经常问老师、同学或父母，共同研究探讨

B．不敢问老师和同学，自己看书，懂就懂，不懂就算了

C．不问也不看书

10.你认为学习是一件怎样的事？

A．非常有意思，越学越有劲　　　　B．谈不上有趣，但不得不学

C．毫无乐趣，很苦

评分标准：

80～100分者，学习习惯等级评为"好"；

60～79分者，学习习惯等级评为"一般"，说明需要改进；

20～59分者，学习习惯等级评为"加油"，说明需要大力改进。

活动二　问一问

结合自己的小测试，再问问老师、同学对自己学习习惯的评价，并仔细想想哪些地方做得好，哪些地方做得还不够。

活动三　做一做

学习习惯治疗卡

年　　月　　日

不良学习习惯：_____

怎样改进：_____

我邀请_____做我的评判人，提醒我要和坏习惯绝交。

一个星期后，我的表现怎样？

评判人给分：_____

是不是表扬：_____

评判人签名：_____

百宝箱

怎样才能养成良好的学习习惯呢？试试下面的几个方法：

1. 养成自觉预习的习惯。如果没有预习，上课时教师讲什么就听什么，老师叫干什么就干什么，这样的学习就会显得被动，时间长了，我们会缺乏学习的积极性和主动性。预习是一个发现问题的过程，通过预习发现疑问，以便上课时带着问题听课，听课效果会更好。所以，每天晚上要坚持预习第二天上课要学习的内容。

2. 养成专心听讲的习惯。课前要有一个"必须当堂掌握"的决心，那么课堂效率会大大提高。实际上，有很多同学认为，上课听不懂没有关系，反正有书，下课后可以看书或者问爸爸妈妈，抱有这样想法的同学，听课时往往不求甚解，或者稍遇到听课障碍，就不想听了，结果浪费了上课的宝贵时间，增加了课后的学习负担。

3. 养成及时复习的习惯。及时复习的好处在于可以加深和巩固对学习内容的理解，防止通常在学习后发生的急速遗忘。根据遗忘曲线，识记后的两三天，遗忘速度最快，然后逐渐慢下来。因此，对刚学过的知识，应及时复习。随着记忆巩固程度的提高，复习次数可以逐渐减少，间隔的时间可以逐渐加长。

4. 养成独立做作业的习惯。做作业是为了及时检查学习的效果，真正懂没懂，会不会应用，要在做作业时通过对知识的应用才能得到及时的检验。做作业还可以为复习积累资料，作业题一般都是经过精选的，有很强的代表性、典型性。因此，即便做过的习题也不应一扔了事，而应当定期进行分类整理，作为复习时的参考资料。

其他好习惯介绍：①总结归纳、活学活用的习惯；②养成摘抄、整理的习

惯；③留心观察的习惯；④写日记的习惯；⑤朗读背诵的习惯；⑥翻看工具书和参考资料的习惯；⑦养成主动说、大胆说的好习惯；⑧交流讨论的习惯。

亲子加油站

请和爸爸妈妈一起完成下面这个小测试，你来读题，爸爸妈妈在符合实际情况的题项后的括号内打"√"。

1. 孩子在学习中，遇到了难题，会鼓励孩子独立思考。　　（　　）
2. 引导孩子不要边做作业边吃零食、看电视。　　（　　）
3. 督促孩子做完作业要检查。　　（　　）
4. 让孩子自觉主动地整理自己的学习用具与书包。　　（　　）
5. 会看教育类节目与书籍，来改善自己的教育方法。　　（　　）
6. 与孩子一起讨论，制定每学期、每月、每周的学习计划和目标。（　　）
7. 主动分析孩子的考试试卷，辅导孩子没有掌握的难点。　　（　　）
8. 会经常督促孩子早睡早起，养成良好的作息时间。　　（　　）
9. 督促孩子预习，并用笔做上不同的标记。　　（　　）
10. 经常了解孩子的学习进度。　　（　　）

评价与分析

在以上测验题中，爸爸妈妈选择的项目越多，越说明能比较好地引导孩子培养良好的学习习惯。否则，爸爸妈妈需要加强自己对孩子学习习惯的培养与引导。

我喜欢我自己

导语

很多人都会说：我喜欢爸爸，我喜欢妈妈，我喜欢我的好朋友，我喜欢我的新衣服等。但是，有没有想过你喜不喜欢你自己呢？同学们，你喜欢你自己吗？你会因为对自己身体有些不满意而感到烦恼吗？在你身上有没有值得骄傲和自豪的地方？让我们一起来了解自我、接纳自我、体验自我存在的价值吧！

采蜜园

"喵……喵喵……喵喵喵……我是一只快乐的小猫咪。我是小老鼠的克星，啦啦啦……"小猫咪咪一边照着镜子，一边开心地唱着歌。

大黄狗来找小猫咪咪玩，咪咪高兴地答应了，它们一前一后，来到一个池塘边，大黄狗高兴地从水里趟过去，咪咪倒退两步，说："我不会游泳，我害怕。"看着大黄狗远去的背影，

咪咪难过地哭了，小鸟看见咪咪哭了，对它说："你会飞吗，要不我们一起玩吧！"只见小鸟扑腾着翅膀，在空中划出一道漂亮的弧线。咪咪向前跑了几步，拼命地想飞起来，可是，它没有翅膀，怎么也飞不起来。

咪咪来找好朋友小鼹鼠，问："小鼹鼠，你会飞吗？"

"我不会飞，但我会打洞，看，我自己打洞自己住！"小鼹鼠边说边用前肢手指甲把土挖下来后再用后腿往后推。

"我不会游泳，不会飞，又不会打洞。你们都比我能干，我什么也不会。"小猫咪咪太难受了，它忍不住哭起来。这时突然有一只小兔子正在追一只老鼠："抓住它，抓住它，它偷了我的胡萝卜！"这时，只见咪咪嗖的一声，蹿出去把小老鼠压在了它的脚下。

大家笑着对小猫说："你会爬树，老鼠都怕你，你是能干、威风的小猫咪。我们大家都喜欢你。"

"是啊，我是小猫，我有猫的本领，大家都喜欢我，大家都需要我，我也喜欢我自己。"咪咪又变回了一只快乐的小猫。

智慧岛

一个人能否正确地认识自己，将会影响他的心理健康，如果片面地认识自己，会产生不良的情绪。如果你既能接受自己的优点，又能接受自己的缺点，这就是心理学上所讲的"自我悦纳"。"自我悦纳"是心理健康的表现，是一种积极的自我体验，也是一种表现为对自己满意的情绪体验形式。一个悦纳自己的人，并不意味着他的一切都是完美的，而是说他在接受自己优点的同时，也了解自己的缺点或方方面面的不足，并且很坦然地承认了自己的不足之处。此后，不断克服缺点，注意自我形象塑造，把握自己做人的准则，不断完善自己，更加自信地面对生活，走向成功。可以说，悦纳自我既是一种修养，也是一种难能可贵的品质。要想别人喜欢你，首先你就要喜欢你自己，所以我们学会爱这个世界的同时，先学会爱自己。

希望通过今天的学习，同学们能客观地认识自己，自信地欣赏自己。每个"我"都很独特，每个"我"的生命都充满阳光，同学们，为自己喝彩吧！

七巧板

活动一　制作"_____的闪光点"卡片

以 5～6 人小组为单位，完成以下任务：

1. 每位学生制作一张"_____的闪光点"卡片。每位学生填完自己的名字后，将卡片交给下一位同学，这位同学填写完主人的闪光点后再交给下一位同学，直到卡片回到主人的手里为止。

2. 最后拿到自己的卡片，可对自己的"闪光点"卡片进行补充。

3. 小组内分享：当看到别人对你的赞美，感受如何？通过这次活动，你有什么感想或者启示？

活动二　我____（缺点），但我____（优点）

以 5～6 人小组为单位，完成以下任务：

1. 每人一张彩色的 A4 纸；

2. 请用"我_____（缺点），但我_____（优点）。"的句式填空，前者说的是缺点，后者说的是优点，限时 2 分钟，看谁写得多。

3. 小组内分享：我的优缺点有哪些？我最喜欢的自己是什么模样？

活动三　推销自己

用 1～2 句精短有力的话将你的优点和特长描述出来，向班里的同学推销自己。

百宝箱

魔法一：悦纳自己——从喜欢自己的身体和性格开始

请站在一面镜子前，观察自己的面孔和全身，问一问自己：我喜欢自己的身体吗？我喜欢自己的哪些部分，而不喜欢哪些部分？如果喜欢身体的某些部位（器官），请让它变成你的骄傲，请把下面的感谢卡填写完整。

> 亲爱的＿＿＿＿（某一部位或器官）：
>
> 　　我非常喜欢你，你是我的骄傲，因为你的＿＿＿＿（优势）而让我变得更有魅力，因此我特别开心，我希望你永远保持＿＿＿＿的样子，感谢有你！我非常期待你越来越好，也期待我的变化与成长。谢谢你！我爱你！
>
> 　　　　　　　　　　　爱你的＿＿＿＿＿
> 　　　　　　　　　　　20＿＿年＿＿月＿＿日

如果我的有些部位（器官）不怎么耐看，可能使我感到不安，这些都是正常的现象，是被允许的，是可以接受的。如果不喜欢自己的某个部位是现在看到的样子，请不要逃避，不要抵触，不要否认自己。

或许我没有一个美丽的身体，但它就是我的身体，我要努力去喜欢自己的整个身体，并使它既具有价值、又富有美感，从而摒弃他人对我的比较和评论。如果我暂时不喜欢自己身体的某部分，具体分析自己身体的某一部位或某一器官，请完成下面的句子：

> 亲爱的＿＿＿＿（某一部位或器官）：
>
> 　　对不起，我暂时还没有喜欢上你，因为我觉得你＿＿＿＿，因此我很不开心，我希望你变成＿＿＿＿的样子，我会更加喜欢你，我非常期待你的改变，也特别期待我的变化与成长。谢谢你！我爱你！
>
> 　　　　　　　　　　　爱你的＿＿＿＿＿
> 　　　　　　　　　　　20＿＿年＿＿月＿＿日

按照上面的步骤，也可以分析自己的性格，无论是喜欢的性格，还是不喜欢的。如果有些环节你没办法完成，请多试几次，寻找感觉，相信你完全可以的，你也会越来越喜欢自己。

魔法二：书写成长日记，遇见更好的自己

坚持书写成长日记，记录心情与感受，让我们更加清楚地了解自己。请结合对自己的思考和认识，把自己的长处和短处进行记录，尝试写成长日记，独特的、唯一的你就此产生。

亲子加油站

和爸爸妈妈一起找一找你的优点。

在爸爸眼中	在妈妈眼中

我需要努力的

第6讲　学会倾听

导语

　　人与人之间需要沟通、交流，倾听的能力关系到能否与他人建立和谐的人际关系。耳朵是通向心灵的路。很多时候，我们需要的是一片可以栖息心灵的芳草地。友情的延续，亲情的永固，团队的凝聚……生活和学习中要学会倾听，倾听是一种优良的品质和修养。

采蜜园

　　吴杰是小学四 (2) 班的学生。小学低年级时，他的语文、数学成绩虽然谈不上名列前茅，但也属中等水平。自从三年级学习英语以来，简直是一路心酸啊！这不，昨天英语单元小测成绩又出来了！

　　课间，吴杰愁容满面、迷茫地在教室走廊晃悠，迎面正好碰到好朋友张斌，他拉着张斌就开始诉苦："兄弟，烦死我了，英语又考砸了。被老师说了一顿，回家后屁股又被老爸印了几朵花，妈妈还……"正准备接着絮叨，吴杰抬眼看看张斌，他

不停变换着身体姿势，东张西望，就像个没事儿人似的，只摆出一副在听的架势，一点同情理解的眼神也看不出。哎！对他倾诉，不等于对牛弹琴吗？

吴杰心里一阵烦躁，他无心再说一个字，扭头离开了。没走几步，恰巧遇上学习"牛人"王聪，他不由自主地走上前去，打开了话匣子："王大帅，真羡慕你，学什么都牛！我可烦了，每次英语……"王聪一听，打断道："烦什么？是不是英语课文又没背过关？"吴杰接着说："不是哦，是我的英语……"没等吴杰说完，王聪插嘴抢着说："是不是英语刘老师又让你抄课文了？还是你又想抄我的英语作业……"王聪滔滔不绝地说着，吴杰满肚子烦恼不知从何说起，烦得直抓头，无奈地走开了。

樊清看到吴杰失魂落魄的样子，关心地问："你怎么了？不舒服吗？"吴杰像是看到了救星，脱口而出："病倒是没有，就是快烦死了！""那你说说，看我能不能帮上忙？"樊清真诚地看着吴杰说。"我的英语考试又考砸了，被老师训完，又被爸爸痛揍一顿！""哎！难怪你这么烦！"樊清理解地点点头。"其实，我已经很努力了，特别想学好英语。这学期我不但报了补习班，还坚持天天听录音，谁知道还是徒劳无功……"吴杰说着，樊清一边听，一边微笑着连连点头。

智慧岛

心灵导师卡耐基说："做个听众往往比做个演讲者更重要。专心听别人讲话，是给予他人最大的尊重、呵护和赞美。"倾听是一种有意识的、主动的听，是一种能力、一种素质，也是一门艺术，更是一种重要的素质和修养。

倾听，不仅有利于接受信息、启迪心智，而且能激起思维火花，促进学习进程。倾听是一种含有听讲技巧的高效活动，涉及鉴赏性思考、主动性理解、批判性接受等方面的内容。倾听不仅仅是用耳朵来听说话者的言辞，还需要一个人全身心地去感受对方谈话过程中表达的言语信息和非言语信息。通过倾听，我们可以借助别人的智慧帮助自己学习，解决问题。作为学生，倾听是学会学习的一种重要素养，是汲取知识的前提，是提高学习效率的保证。

倾听是一种人际交往礼仪，在交往中能够专注地倾听对方讲话，是表示对对方的礼貌和尊重，是对对方的一种赞美和恭维，对方也会因此而喜欢、信赖你并乐意与你交往。正如汤姆·彼得斯在《追求优秀的热情》一书中所说："倾听是礼貌的最高形式。"从小学会倾听，不仅对今后的学习生活有帮助，还会是人生道路上的宝贵财富。"采蜜园"故事中你最希望和谁成为朋友？显然是樊清！会倾听的人才能收获信任、友谊，倾听原来如此重要。

七巧板

活动一 趣解"聪"字

善于倾听的孩子最聪明，聪明的孩子会动手、动口和用心！倾听习惯很重要。

测验倾听能力自我评估

每题 1～5 分，按照频繁程度由低到高，分数逐渐增加。

1. 我有先入为主的行为。

2. 我常曲解别人话语中所表达的意思。

3. 不等别人说完，便考虑如何回答。

4. 不耐烦，心烦意乱，急躁。

5. 不顾周围嘈杂的环境对交谈的影响。

6. 有妨碍倾听的习惯。

7. 我经常替别人把话说完。

8. 在不想听的部分，我会想自己的事情。

9. 我倾听时容易走神。

10. 我听别人说话常常感到无聊。

11. 我经常打断别人的表达。

12. 我带着自己的看法去听别人说话。

13. 我经常无端改变话题。

14. 我经常使用感情色彩过重的语言。

15. 我经常喜欢高谈阔论。

自己累计总分，对照下面的分数级别评估。

60～75分：倾听习惯迫切需要改善。

45～59分：倾听习惯有很多需要改善的方面。

30～44分：倾听习惯一般，需要在某些方面改进。

15～20分：倾听习惯优秀。

活动二 最"佳"听众

怎样才是良好的倾听行为呢？结合"采蜜园"中的同学和自己的生活实际感受完成下表，想想这些行为背后的含义，想想我们该如何倾听呢？

表现 ＼ 行为	不良倾听行为的表现	良好倾听行为的表现
表情		
语言		
动作		
其他		

活动三 传"信"使者

1. 分小组进行游戏，老师给每个小组的第一名同学"一封信"——小纸条。(1分钟看完并记住"信"的内容，然后回收"信"。)

2. 第一名同学依次向后传递"信"的内容，最后一名同学收到"信"的内容后举手示意。

最佳倾听奖

3. 记录每组的完成顺序和所用时间。

4. 收"信"内容最准确且用时最短的小组获胜。

百宝箱

良好的倾听习惯是多么重要啊！让我们从小丰富自己的倾听方法，锻炼自己的倾听能力吧！

"五心"法：

一要专心，眼睛看着说话的人，注意力要集中。

二要耐心，不随便插嘴，要听完别人的话，才发表自己的意见。

三要细心，倾听时要仔细，听完整，不能只听大概意思。

四要用心，在听的过程中，要边听边思考，分析听到的内容是否正确。

五要虚心，当别人提出与自己不同的意见时，要虚心接受。

亲子加油站

1. 问一问爸爸妈妈，他们在倾听方面有没有什么小窍门，把学习所得与爸爸妈妈交流。

爸爸妈妈的倾听小窍门	我的学习心得

2. 读一读《善于倾听，学会说话》。

第7讲　微笑面对每一天

导语

人们常说："笑一笑，十年少；愁一愁，白了头。"同学们，今天你开心地笑了吗？让我们一起微笑面对每一天。

采蜜园

有一位身患白血病的 16 岁少女张穆然，在生病的日子里，她的坚强、乐观感染着每一个人。在家、医院以及学校里，她坚定的气息使每一个与她接触的人都感受到了她对生活的热爱。每一次化疗，她都独自来到医院，在痛苦的治疗结束后，她依然以一张灿烂的笑脸面对每个人。每一次病情恶化，这个女孩都会自己准备好换洗衣服和洗漱用具。她最大的心愿是做主持人，直到生命的最后一息，她仍深深地爱着这个世界，她从来没有抱怨过生活对她的不公，也没有为自己所遭受的苦痛而愤愤不平。她内心非常平静、安然，而且特别坚强，超出人的想象。听完这个故事，同学们有何感想？

智慧岛

　　笑声一般都是人们所喜欢的，每个人都不愿意看到朋友愁眉苦脸。"一个小丑进城胜过一打医生。"最新的医学研究发现，笑口常开可以防止传染病、头痛、高血压，可以减轻过度的精神压力，因为欢笑可以增加血液中的氧分，并刺激体内免疫物质的分泌，对抵御病菌的侵袭大有帮助。而不笑的人，患病概率较高，而且一旦生病之后，也常是重病。笑能使肌肉松弛，对心脏和肝脏都有好处。如果生活中没有时间去慢跑，我们可以每天多笑一笑，甚至哈哈大笑几十次，以调节身体状态。人不可能永远处在好情绪之中，生活中既然有挫折、有烦恼，就会有消极的情绪。一个心理成熟的人，不是没有消极情绪的人，而是善于调节和控制自己情绪的人。

七巧板

活动一　情绪大联唱

　　(播放大家熟悉的音乐《如果感到快乐你就拍拍手》)请你动起来，根据改编的歌词，大家起身，随老师一起，一边唱歌，一边做出与所唱情绪相应的动作。

　　如果感到快乐，你就(拍拍手)(动作)；

　　如果感到愤怒，你就(踩踩脚)(动作)；

　　如果感到无奈，你就(耸耸肩)(动作)，(耸耸肩)(动作)；

　　我们大家陪你一起(耸耸肩)(动作)。

　　如果感到悲伤，你就(哭一哭)(动作)；

如果感到害怕，你就（抖一抖）（动作）；

如果感到紧张，你就（深呼吸）（动作），（深呼吸）（动作）；

我们大家陪你一起（深呼吸）（动作）。

如果感到着急，你就（抓抓头）（动作）；

如果感到兴奋，你就（大声笑）（动作）；

如果感到疲惫，你就（伸伸腰）（动作），（伸伸腰）（动作）；

我们大家陪你一起（伸伸腰）（动作）。

如果感到心烦，你就（跳一跳）（动作）；

如果感到孤独，你就（握握手）（动作）；

如果感到无聊，你就（转三圈）（动作），（转三圈）（动作）；

我们大家陪你一起（转三圈）（动作）。

活动二　大声朗读并背诵调解情绪的格言

你给生活一个微笑，生活会还你一个春天。

我很快乐。

我现在非常开心。

吃亏是福。

 百宝箱

当你不高兴时，下面这些方法也许会对你有帮助。

1. 应付伤心法

如果你觉得伤心，就去找个朋友痛痛快快地说出来。因为不论你是否愿意，你的情绪一定要以某种方式发泄出来。否则，这些恶劣情绪会随时随地发作，而且往往发作的地点与时间都不对，会更影响自己的心情。

2. 言语法

(1) 请同学们进行场景体验，用以下哪种方式暗示自己效果会更好！

▶ 考场上，暗示自己。

我现在很放松。

我现在一点都不紧张。

　　我们也许有过这样的经历，考试时，你不断告诫自己："我现在不紧张，现在不紧张！"你反而会越来越紧张。虽然加上"不"字，但"不"字没有太大效果，反复提醒你的却是"紧张"。"紧张"这个词语强烈地刻入你的意识中，这是负面词语的破坏力。正确的暗示是：我现在很放松，我很有信心。因此，我们应该把暗示性语言如"我理解力不行""我不能失败""我不能考砸了""我不能生病"等改为"我能理解的""我会成功的""我会考好的"。

　　(2) 考试临阵怯场时，可自言自语暗示自己："我不会做的题，别人也未必会做。""好好想想就会做出来。"这样心情就会慢慢平静。

　　(3) 感到恐怖、害怕时，可大声朗读高尔基的散文诗《海燕之歌》，或干脆大骂自己一顿，这样就可以给自己壮胆。

　　(4) 焦急、烦恼时，把原因找出并逐条写下来，使之跃然纸上，使心中焦急、烦恼的情绪化为书面语言，心情就会平静。

　　(5) 思维零乱，不能集中注意力阅读或思考时，可大声朗读，或大声把思考过程说出来，使内部语言化为口头语言，就可能理清思路。

3.应付愤怒法

　　你发怒的时候，要自问："是谁得罪了我？怎么得罪的？我对那个人说了些什么，我本来想说些什么，为什么我没有说呢？"愤怒和心灵受伤害，都应该即刻直接应付。倘若有人触犯了你，立刻对他讲明，大多数人都会表示歉意并仍会与你做朋友。

亲子加油站

1. 和爸爸妈妈一起阅读以下故事。

笑的妙用

名医张子和曾采用使人发笑疏导法治愈了一个人的怪病。当时有个官吏的妻子，精神失常，不吃不喝，只是胡叫乱骂，不少医生使用各种药物治疗了半年也无效。张子和则叫来两个老妇人，在病人面前涂脂抹粉，故意做出各种滑稽的样子，这个病人看了不禁大笑起来。第二天，张子和又让那两个老妇人做摔跤表演，病人看了又大笑不止。后来张子和又让两个食欲旺盛的妇人在病人身边进餐，一边吃一边对食物的鲜美味道赞不绝口，这个病人看见她俩吃得津津有味便要求尝一尝。从此她开始正常进食，怒气平息，病全好了。

2. 给爸爸妈妈讲一个笑话，一同大笑一下。

第8讲　兴趣是最好的老师

导语

俗话说："兴趣是最好的老师。"我国古代著名的教育家孔子说过："知之者不如好之者，好之者不如乐之者。"确实如此，一旦我们有了学习兴趣，在学习过程中就能自觉地克服困难，集中注意，活跃思维，促进学习活动有效地开展。

采蜜园

知心姐姐：

您好！

我叫李丽，是一名五年级的女孩。最近我感到很苦恼，因为我对写作不感兴趣，导致我的语文成绩下降得很快。看到别人写的作文生动优美，我特别特别地羡慕，我也曾努力过，看课外书，写日记，积累好词好句……可我就是不喜欢，知心姐姐，帮帮我吧！我该怎样做才能喜欢上写作呢？

一位迷茫的女孩

你有过和李丽一样的经历吗？你是怎样解决的呢？

智慧岛

兴趣是指一个人力求认识某种事物或从事某种活动的心理倾向。例如，一些体育迷，一谈起体育便会津津乐道，一遇到体育比赛便想一睹为快，对电视中的体育节目特别迷恋，这就是对体育有兴趣。一些老京剧票友们，总喜欢谈京剧、看京剧，一遇京剧就来劲，这就是对京剧有兴趣。所谓"打锣卖糖，各爱各行"，就是说人们的兴趣是多种多样、各有特色的。在实践活动中，兴趣能使人们工作目标明确，积极主动，从而能自觉克服各种艰难困苦，获取工作的最大成就，并能在活动过程中不断体验成功的愉悦。古往今来，许多成就辉煌的成功人士，他们的事业往往萌生于青少年时代的兴趣中。沿着兴趣开拓的道路走下去，就会找到自己事业成功的路径。

兴趣是人对客观事物的选择性态度，它表现为人力求认识和获得某种事物，并且力求参与相应的活动。

兴趣通过情绪反应来影响一个人的行为积极性，也就是说，凡是从事自己感兴趣的学习和工作，人就会觉得心情舒畅和愉快，效率也较高；相反，如果是从事自己不感兴趣的事，则可能心理动力不够，缺乏激情，效率也较低。对于小学生来说，他们的学习在很大程度上受兴趣和情绪左右，因此，培养学生对学习的兴趣（包括对学习内容本身的直接兴趣和对学习结果的间接兴趣），有助于增加学生的学习积极性，从而提高其学习的效率。

七巧板

活动一　写一写

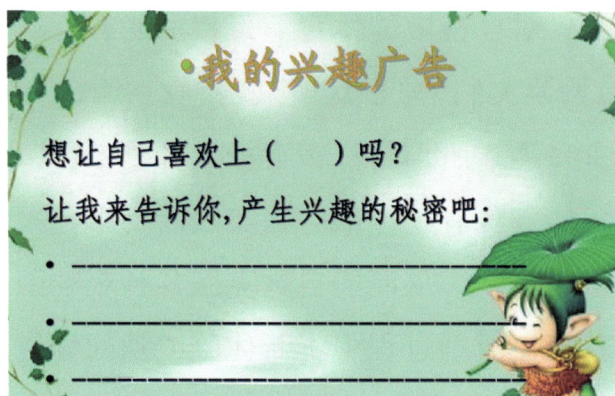

我的兴趣广告

想让自己喜欢上（　　）吗？

让我来告诉你，产生兴趣的秘密吧：

* _____
* _____
* _____

活动二　读一读

达·芬奇的成长故事

达·芬奇是欧洲著名的画家。他创作的《蒙娜莉莎》是世界名画。而他之所以能够成为一名画家，在于他的父亲及时地发现了他的爱好，并为他发展绘画艺术创造了条件。

1452 年，达·芬奇出生在意大利的一个小镇上。儿童时代的达·芬奇喜欢大自然的景色，对画画很有兴趣。有时候，他独自一人坐在草丛中，用心地观看五彩缤纷的花草树木，然后描绘着那些花瓣和树叶的形状。他喜欢钻山洞，探索里边的秘密。他每次从山洞走出来时，总要捉几个小动物，带回家里，仔细地观看，并且按照小动物的

样子进行描绘。开始画得有些四不像，但是，时间久了，他画的那些东西渐渐有了画意，镇上的人们都称他小画家。

有一天，邻村一位农民拿着一块木板，来到镇上，交给了达·芬奇的父亲，说："请你家的小画家在上面画些东西。"父亲当即答应了，但不知是什么原因没有告诉儿子。过了一些天，达·芬奇发现家里有一块木板，就将它锯成一个盾牌。盾牌做成之后，他看到上面什么也没有，不大好看，想来想去，他就将自己最熟悉的小动物画了上去。画成后，他拿给父亲看。父亲看到上面画了蛇、蝙蝠、蝴蝶、蚱蜢，还有一些叫不出名字来的小东西，不仅数量多，而且形象逼真。父亲高兴极了，决心支持孩子去学习艺术，把孩子培养成为一名画家。从此，达·芬奇走上了绘画之路，他在画家罗基奥的指导下，通过勤学苦练，终于成为举世闻名的画家。正是他对画画的兴趣成就了他的理想。

活动三　试一试

兴趣培养计划书			
计划人		时间	
我想培养的兴			
我的方法和行动			

百宝箱

兴趣爱好不是天生就有的，它是环境影响和后天培养的结果。怎样培养自己的兴趣爱好呢？主要有以下几种方法：

1. 增加知识，培养兴趣。知识是兴趣产生的基础条件，因而要培养某种兴趣，就应有某种知识的积累，如要培养写诗的兴趣，就应先接触一些诗歌作品，体验一下诗歌美的意境，了解一点写诗的基本技能，这样就可能诱发出诗歌习作的兴趣来。

2. 树立志向, 稳定兴趣。要使兴趣不断发展增强, 就要始终保持好奇心, 而要保持好奇心, 就要像科学家那样, 善于提出疑问, 向事物纵的或横的方向发展, 不断进行探究。问题总是无穷无尽的, 好奇心长期维持, 兴趣也就会相应地稳定发展。青少年时期是立志的时期, 要根据你的条件和兴趣爱好, 确立你的人生志向和理想, 这样, 你的兴趣爱好就更具有社会性、方向性, 也能更稳定和持久。

3. 扬长避短, 选择兴趣。兴趣爱好主要靠后天培养, 但也离不开一定的客观条件, 包括: 个人的素质, 学校、家庭的条件, 社会的需要等。例如, 有的同学嗓音生来沙哑, 却爱好唱歌, 这种爱好就难以持续, 很难有所成就。再比如, 有个少年的父亲是书法家, 他选择书法作为自己的爱好, 由于经常得到父亲的指点, 小小年纪书法就很有成就。

所以, 我们在选择兴趣爱好时, 要根据自己的各方面条件, 扬长避短, 发挥自己的优势使兴趣发挥出最好的效能。

4. 参加实践, 强化兴趣。在实践中获得成功, 可以使人的需要得

到满足，体会到成功的乐趣，从而增强兴趣。实践中，出现的新的未知领域，也会激发我们探求的欲望。实践活动还会使我们对已有兴趣的事物进一步认识了解，增强兴趣。闻名世界的英国发明家法拉第，年轻时是个书店学徒，他在装订《大英百科全书》时，书中的电学知识引起了他的好奇心，最初他还不太懂，读进去入门之后，便对电学产生了好奇以至浓厚的兴趣，开始以顽强的毅力钻研它，终于发明了世界上第一台发电机。

亲子加油站

和爸爸妈妈一起分享一下快乐学习的秘诀。

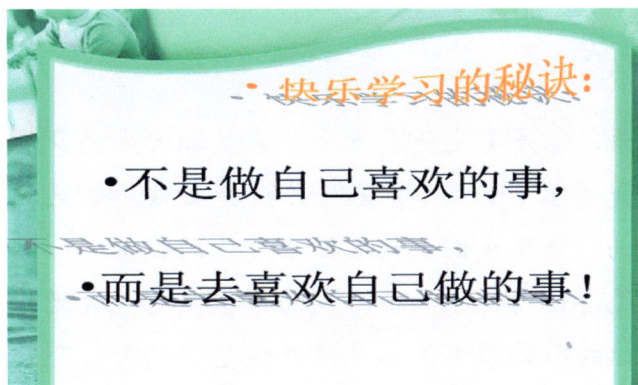

快乐学习的秘诀：

- 不是做自己喜欢的事，
- 而是去喜欢自己做的事！

身体的秘密

导语

亲爱的孩子，你是男生还是女生，男生和女生的身体一样吗？你是怎样知道自己是男孩（女孩）的呢？男孩和女孩，哪里不一样呢？你了解自己的身体吗？今天我们一起来探索身体的秘密吧！你们经常照镜子吗？有没有发现自己的样子和小时候的样子变化很大呢？为什么你是男生或是女生？你的小脑袋中是不是藏着这些小问号，今天就和大家一起来探究身体的秘密吧！

采蜜园

小齐 10 岁了，有一次和妈妈一起去游泳。他们来到女更衣室前，妈妈对他说："小齐，现在你长大了，不能再进女更衣室了，男生的更衣室在对面呢！"小齐拉着妈妈的手不肯放手："我都习惯了，我怕！如果对面有坏人，怎么办？"妈妈拗不过他的央求，只好把他带进去了女更衣室换衣服。

小齐觉得没什么，但是女更衣室里的女士们可就尴尬了，一位 40

多岁的大姐忍不住说："这孩子多大了啊，长得高高壮壮的，男生和女生身体不一样，我儿子很小的时候，就不好意思进来了。"当时在场的人都听出来了，这话的言外之意是：都这么大了还跟着妈妈来女更衣室，有点不应该啊！

智慧岛

　　小齐都 10 岁了，还要和妈妈一起进女更衣室，引起了别人的不满和尴尬。他还没有意识到自己是男生，去女更衣室不合适。心理学研究表明，性别意识形成关键期在 1 岁半到 3 岁之间，6 岁时性别认知完全形成。同学们，你们有没有感受到男生和女生的不同呢？有没有想过世界上厕所为什么要设置男厕所和女厕所两种呢？那是因为男生和女生的身体构造不同。

　　我们不光通过头发长短、穿着来辨别男生和女生，更重要的是我们身体的某些重要的部位是代表着性别差异的。是哪些部位呢？就是我们游泳时所遮住的部分。小男生游泳时穿着小短裤，里面藏着男性生殖器。小女生穿的泳衣和男生一样吗？对，不一样，但她的小短裤里也藏着很重要的东西，那就是女性生殖器，而且她们的胸部也要很好地保护起来，因为那也是很重要的身体器官。泳衣保护起来的地方是男生和女生重要的身体器官。我们一定要保护好它们哟！

　　游泳衣里面的身体是自己一个人珍贵的秘密，不能让别人看，更不能让别人摸。如果有人对你说："我给你吃好吃的，你给我看一下。"或者说："我带你去玩吧，你让我看一下吧。"你也一定要拒绝说："不行！我不喜欢。"如果有人想要触摸泳衣里面的身体部分，你也一定大声坚定地说："住手！我不愿意。"

七巧板

活动一　猜猜他（她）是谁

　　每位同学上交一张自己小时候的照片，由老师打乱，发给同学们，大家来猜猜他（她）是谁？他（她）小时候和现在一样吗？发生了哪些变化？

_____

_____

活动二　听故事

　　小胖是一个可爱的小男孩，他家院子里有许多漂亮的小女生。小胖可喜欢和她们一起玩了。她们都是小胖的好朋友。小胖和她们一起玩过家家、跳皮筋、捉迷藏。有一天，他从外面跑回家对妈妈说："小丽的花裙子真漂亮，我也想要一条。"妈妈一听，气不打一处来："你是男孩子，怎么能穿女孩子的衣服？"小胖委屈得直掉眼泪。这时爸爸走过来搂住小胖，问："小胖，你是男生还是女生？""我当然是男生啦！""那小丽她们呢？""那还用说，女孩呗！"小胖调皮地说。

　　"那就对了，妈妈不让你穿花裙子是有道理的！"看着不理解的小胖，爸爸接着说："你知道男生和女生的区别吗？"小胖想了想告诉爸爸："男生更有力量，说话声音又响又亮，能搬很重的东西，像爸爸一样。女生爱漂亮，爱打扮，细心，像妈妈一样。""对！"

　　看到儿子有点不好意思，爸爸又给小胖讲了个故事：有个妈妈很喜欢小女生，就把自己生的一个男孩当成女孩来养，不仅穿戴和女孩一样，还留起了长发，扎上漂亮的辫子。结果长大以后，这个男孩喜欢把自己当成女生，恨自己是男性，为此他很苦恼。很多人也很不理解，认为他不正常。"爸爸，现在我全明白了，男孩就要有男子汉的气概，做男人要做的事，对吗？"小胖打断爸爸的话说。

　　听完这个故事，你有什么体会，和同伴说一说，并写一写。

活动三　制作泳衣

明明和莉莉两个小伙伴要出去游泳，请大家为他们制作合适的泳衣。同学们，请把你想象的泳衣画下来吧！

百宝箱

我们有宝贵的身体，我们是身体的主人。我们要保护自己的身体，同时尊重自己的身体和别人的身体，因为那是我们的隐私，随意暴露自己的隐私部位是不道德的行为。我们要爱惜自己的身体。注意，如果有人想要摸或看你的隐私部位，那是性侵犯，是犯罪。为了预防危险，我们要学会保护自己：

(1) 提高警惕性，防范以恶意出现的坏人，也要警惕以"善意"出现的"好心人"。

(2) 不要一人或少数几个女同学到公园、河边、树林等偏僻的地方去看书或写作业。

(3) 不要一个人或少数几个人搭便车。

(4) 不要去酒吧、网吧或歌舞厅，不轻易与网友见面。

(5) 与父母闹意见，切不可赌气离家出走。

(6) 衣着不要太暴露。

同时也要注意爱护我们的身体。

(1) 注意营养搭配：多吃含蛋白质的食物以及蔬菜水果。做到不挑食、不偏食，全面摄取营养。

(2) 加强体育锻炼：积极参加体育运动，坚持每天运动 1 小时。

(3) 注意劳逸结合：保证合理的学习和休息时间，注意学习中的用眼和睡眠时间。

亲子加油站

读一读郑渊洁叔叔写的《你从哪里来，我的朋友》。

爸爸妈妈，请听我说

导语

亲情是人世间最真挚而美好的感情。在我们成长的道路上，爸爸妈妈给予我们真诚而无私的爱。小时候，我们对爸爸妈妈依附、崇拜。随着年龄的增长，我们有了自己的思想，开始独立行事，渴望从爸爸妈妈那里拿到"解放证书"，渴望爸爸妈妈像对待大人那样对待我们，也难免会挑战父母的权威。这样的矛盾和冲突是不是经常困扰着我们呢？有没有尝试过，与爸爸妈妈心平气和地主动交流沟通呢？更好地理解对方，必然能让彼此之间的关系更为和谐。

采蜜园

星期六，五 (1) 班的周诚浩从学校体训队训练完回家。他兴奋地穿过客厅，来到房间寻找自己落在家的手机。透过房门的缝隙，他看见妈妈正背对着房门看着什么。"妈妈，我回来了，你在看什么？""哦！没看什么！我在打扫房

间……"匆忙间，妈妈突然转身，一脸尴尬，手里正捧着周诚浩的手机。

"妈妈！"周诚浩大吼道："你怎么可以随意翻看我的 QQ 和微信聊天记录？"爸爸闻讯赶来，附和着："爸爸妈妈也是关心你，别一惊一乍的，让我看看……""你！你们！……"周诚浩一把抢过妈妈拿着的手机，怒火中烧，"砰"的一声，摔门愤然离去。

来到网吧，他连上 WiFi，在微信朋友圈中发了这么一段话："今天出门没带手机，回家竟然发现妈妈在偷看我的聊天记录，这太令人气愤了！和好朋友聊的悄悄话，是不想任何人知道的，即使爸爸妈妈也不可以，那是我的秘密！以后再也不理妈妈了，爸爸不但不批评妈妈，还和妈妈同流合污，我永远都不会原谅他们！谁来安慰我受伤的心灵？"

智慧岛

周诚浩的内心苦恼大家遇到过吗？如果爸爸妈妈了解我们的内心感受和心理需求，也许，上文中的情景就不会发生，我们不但不会出现这样的烦恼，还能让彼此间更好地相互交流、友好相处。看来，向爸爸妈妈诉说自己内心的想法和感受，进行适当沟通，非常重要。到了五年级，我们逐渐长大，周诚浩选择把生活、学习中的苦恼告诉同学，或者虚拟网络的陌生人，大概是觉得自己已经独立和成熟，需要有自己的空间。

是的，11 岁了，我们越来越有自己的主张，越来越有独立性，越来越想自己做决定了。当你开心或者不开心的时候，你还会像小时候一样，与爸爸妈妈分享吗？当你觉得和爸爸妈妈意见不一致时，你会主动与爸爸妈妈探讨吗？放学后，你还愿意和爸爸妈妈分享学校发生的点点滴滴吗？假期里，你还期待和爸爸妈妈一起去休闲娱乐吗？或者，在不知不觉中，你和爸爸妈妈的距离越来越远了，这些问题的答案都是否定的，就如周诚浩一般。有一部分同学，开始嫌弃爸爸妈妈的"碎碎嘴"，指责爸爸妈妈的横加干涉，或者干脆采取冷处理，对爸爸妈妈敬而远之，爸爸妈妈不再是自己的贴心人。

其实，爸爸妈妈的关注与唠叨，正是爸爸妈妈对自己浓浓的关爱呀！

爸爸妈妈无私的付出，才让我们茁壮成长，享受这份甜蜜的亲情时，也要深深体会到这样一份无私的、无条件的大爱。

为了让爸爸妈妈理解、支持我们的决定，减少我们在生活中发牢骚、顶撞的现象，我们必须在生活中及时体察爸爸妈妈的心情，多多体会爸爸妈妈给予我们的爱，善于控制自己的情绪，心平气和地和爸爸妈妈说话，包容爸爸妈妈的不合理行为；同时，我们也应该积极与爸爸妈妈主动沟通，分享每一天的所见、所想、所感，说出自己的心情和感受，无论快乐与痛苦，让爸爸妈妈成为我们的"知心好友"吧！

七巧板

活动一　声入心通

1. 高手出招

如果你是周诚浩的好友，看到周诚浩的微信朋友圈之后，会给他怎样的建议呢？请写一写。

_____

_____

2. 剧情演绎

根据自己续编的情景，演绎不同做法的不同结果。

3. 直呈心意

互发电子邮件，积极主动进行交流，相互领会其心意。

诚浩写给爸爸妈妈的信

爸爸妈妈：

对不起，我错了！我不应该顶撞你们，也不应该抢了手机掉头就走，在网吧混到晚上才回家，让你们担心了。

但是，我真的无法理解你们为什么那样做？妈妈，您居然背着我，看我的聊天记录，谁没有一点不想说出去的小秘密呢？更无法理解的是，一向公正的爸爸居然也站在了您那边，还肆无忌惮地当面翻看我的手机。

在好朋友们的帮助下，我的心情平复了不少，晚上回家后怎么也睡不着。想起一直以来，你们对我无微不至的关爱，我知道，你们是希望了解我，只是心急用错了方式。

爸爸妈妈，请原谅我的任性和鲁莽！我错了！

倔脾气的儿子：诚浩

爸爸妈妈写给诚浩的信

亲爱的浩浩：

妈妈错了，不该偷看你的聊天记录。爸爸也错了，不该不分青红皂白，也和妈妈一样随便窥探你的秘密。你已经长大了，有自己的想法，我们不应该完全忽略你的感受，以爱的名义让你受伤。

儿子啊，你可知道，最近一段时间以来，你放学后总是迟迟到家，学习成绩忽高忽低，这样的状况让爸爸妈妈担心啊！以前，你总会跟我们说发生在你身边的事情，可近来你整天抱着手机，我们也是担心你结识了不好的朋友。看到你那么愤怒，爸爸妈妈的心里很难受，我们向你真诚地道歉。

我们希望你开心快乐，健康成长，成绩优异。你能理解爸爸妈妈吗？我们希望和你无话不谈，任何时候！

永远爱你的爸爸妈妈

活动二　问卷调查

1. 爸爸妈妈的结婚纪念日是哪天？
2. 在教育抚养你长大的过程中，爸爸妈妈最难忘的事是什么？
3. 爸爸妈妈的生日各是哪一天？
4. 爸爸妈妈最爱吃的是哪道菜？
5. 爸爸妈妈平时有什么兴趣爱好？
6. 爸爸妈妈最大的心愿是什么？

这些关于爸爸妈妈的问题，你都知道吗？如果缺乏了解，就大大方方地去采访爸爸妈妈吧！如果这些内容是关于你的问题，爸爸妈妈是否可以脱口而出呢？爸爸妈妈的爱是无罪的！让我们以沟通为纽带，增进彼此间的了解吧！

活动三　爱驻我家

星期日，爸爸妈妈准备带你和弟弟一起出去玩。你想去看电影，可弟弟对看电影不感兴趣，想去玩拍拍乐。玩拍拍乐的都是小毛孩，你觉得特别无聊，还不如独自在家看看书。那么，你要怎样拒绝爸爸妈妈的邀请呢？

1. 下面的做法，你是否赞同？为什么？
(1) 直接向爸爸妈妈说明你的想法，讲明缘由。
(2) 沮丧拒绝，回避原因。
(3) 不高兴地躲进房间写作业，不参与集体游玩。
(4) 随便编个理由，拒绝爸爸妈妈的邀请。
2. 遇到这种情况，你会怎么做呢？

_____

_____

百宝箱

同学们，因为年龄差异、阅历不同，和爸爸妈妈朝夕相处，难免会有意见不一致的时候。只要我们愿意改善与父母的沟通，主动表白内心的感受，一切矛盾冲突都可以及早避免。

(1) 合理选择。选择你与爸妈都高兴的时刻和最适宜的场合。

(2) 避免争辩。避免与爸妈争辩，抗争是沟通的毒药。

(3) 换位思考。学会换位思考，设身处地地理解爸妈，与爸妈平等交流。

(4) 多次沟通。遇事多和爸妈沟通。沟通不一定一次就能达成心中所想，多次沟通可以转变爸妈的观念，一起协商找出解决问题的办法。

(5) 间接沟通。通过第三方间接沟通，可以是阿姨、舅舅或与爸妈关系好、谈得来的人，他们的转述和协调常常可以打破沟通的僵局。

(6) 书面交流。有时候当面讲不清楚，或者父母无时间听，你可以写一封情文并茂的信，对沟通有很大的帮助。

(7) 做好铺垫。沟通也需要提前下功夫，先与爸妈把关系处好，再见机行事。

亲子加油站

1. 在和爸爸妈妈的日常交往中，你是否想起一些什么？试着给爸爸妈妈写一封信吧！告诉他们，你有多么爱他们，你有多么幸福。

2. 请和爸爸妈妈一起读读廖康强叔叔写的《父母和孩子一起读的心理学》。

第11讲 嫉妒是大敌

导语

如果说，拥有自信、宽容的人是最快乐和最美丽的；那么，总是嫉妒别人的人就是最痛苦和最丑陋的。因为拥有嫉妒心的人，自己的失败会让他痛苦，别人的成功也会使他很难过。嫉妒心不可取。

采蜜园

小飞和菜菜都是森林小学五年级(3)班的学生，从小学一年级开始就是非常要好的朋友，形影不离，在学习上互相提醒，在生活上互相帮助。小飞在学习上非常认真，吃苦耐劳，成绩一直名列前茅；菜菜成绩优异，为人热情，能歌善舞，经常在班级中组织大型活动。

学期末优秀表彰提名会上，小飞和菜菜都被提名为"三好学生"候选人，菜菜得意地回头望着小飞，仿佛吃了一颗定心丸：三好学生非我莫属了，凭着我优异的学习成绩和卓越的班级活动组织才能，肯定是我啦！

接下来是无记名投票，小飞的票数大大超过菜菜，从而获得"三好学生"称号。菜菜撅起小嘴，头也不回地冲出教室，他心里非常难受，不断地嘀咕着：凭什么是他？我哪里不比他好？连续几天，菜菜都不愿意和小飞在一起学习，看见小飞就生气，总想离他远远的。

智慧岛

　　嫉妒是一个人看到自己身边的人在某些方面超过自己，便情不自禁产生的一种难受的感觉。小飞评上了"三好学生"，菜菜没评上，菜菜表现出来的就是一种嫉妒心理，俗称"红眼病"，这种"见不得别人好"的行为是人类嫉妒情感的一种表现，也是一种比较普遍的心理现象。

　　嫉妒是可怕的，但是嫉妒是人天生的本能，你敢说自己绝对没有嫉妒过什么人，什么事吗？关键是看我们如何处理自己的嫉妒心理，有的人看到别人超过自己时，会去打击、诬陷别人，甚至动手打人。但有的人却会因为嫉妒而发愤努力，争取超过对方。

　　嫉妒心理会影响我们的身心健康，会影响我们的生活和学习。嫉妒会使人产生伤心、愤怒、怨恨等消极情绪，而这些情绪会降低我们学习的热情和效率。一个总是嫉妒别人的人很难交到知心朋友，孤独和寂寞会常伴随左右。因此，我们要认清嫉妒的危害，看清自己的缺点，明白自己不可能处处都比别人领先；还要转变思路，变"你行——我不行"为"你行——我也行"。

七巧板

活动一　小组讨论

1. 嫉妒有哪些危害？
2. 在你的周围，有哪些嫉妒现象？请举例说明。
3. 如何避免和克服自己的"嫉妒"心理？

活动二　寻找缺点

1. 将学生分成若干个小组，每组 5 人或 6 人，每个人把自己的缺点一条一条写在白纸上，并写上自己的名字。

2. 小组成员围成一圈，把写好缺点的白纸，递给自己右侧的同学，看看有没有漏掉的缺点，并请同学写在纸上。如果你认为其他成员的某条缺点不符合实际或者不能算作缺点，请你将其划掉并在旁边注明原因。然后依次传递，最后回到本人手中。

讨论与分享：

通过这个活动，你对自己的认识有没有改变？说说你的感受。

百宝箱

纯洁、善良的心一旦受到嫉妒的污染，就会失去理智，所以我们一定要学会战胜嫉妒。

1. 承认嫉妒心理的存在

(1) 承认嫉妒心理。当你有嫉妒心理出现时，请认真体会你脑中的感觉，真切去感受你的反应，别去评判它是对是错。深呼吸，双手放在胸前，并且在心里默念：我知道你来了，我知道你难受……你只需更自发地接受你的想法与感觉，然后等待它们的离去。几分钟之后，它就消失了。

(2) 读懂嫉妒，询问意义。每一次出现嫉妒的想法和行为时，请拿这个问题来提醒自己：嫉妒能帮助我获得什么？什么对我有益？积极去思考并寻找答案，平心静气地听从内心的声音，然后潇洒地对自己说："嘿，我又犯傻了。是时候关注一些有用／好玩／积极的事情了。"从而激励你丢掉一些无用的负担，关注眼前正能量的事件。

2. 转移注意力

(1) 充实生活，忙碌起来。英国哲学家培根曾说过："每个埋头沉入自己事业的人，是没有工夫去嫉妒别人的。"当我们有很多事情要做时，忙碌而充实的生活让我们无暇去嫉妒别人。因此，我们应该积极参与各种有益的活动，努力学习，乐于思考，快乐生活，使自己真正充实起来，嫉妒的毒素就不会滋生、蔓延。忙碌起来，积极提升自我，活在当下，把注意力从同学身上转移到让自己高兴的事情上。

(2) 自我宣泄，平复心情。当我们不幸被嫉妒啃噬心灵，心里难受时，需要寻找适合自己的宣泄方法，平复心情，从而阻止嫉妒朝着更深的程度发展。比如：找知心朋友、亲人痛痛快快地说个够，或者找个空旷无人的地方大哭一场，或借助唱歌跳舞运动等各种业余爱好来宣泄和疏导。

3. 看到自己的长处

一个人在嫉妒别人时，总是注意到别人的优点，却不能注意自己比别人强的地方。其实任何人都有不如别人的地方，当别人在某些方面超过我们时，我们需要看看自己的长处，积极肯定自己，这样就会使自己失衡的心理天平重新恢复到平衡的状态。当然，我们也可以扬长避短，寻找和开拓有利于充分发挥自身潜能的新领域，这样在一定程度上补偿先前没能满足的欲望，缩小与嫉妒对象的差距，从而达到减弱乃至消除嫉妒心理的目的。

亲子加油站

1. 我的优点树：请爸爸和妈妈分别在优点树上写出你的优点。然后思考，哪些优点是自己清楚的？哪些优点是自己平时没有发现的？

2. 和爸爸妈妈一同判断一下，自己是否容易产生忌妒心理，请根据自己的实际情况进行选择。

(1) 小明与你一样喜欢跳高，但他身体条件好，老师说他很有发展前途。前几天小明的腿骨折了，医生说他很难再跳高了。你的心情：(　　)。

A. 为他可惜

B. 心里有点暗暗高兴

(2) 一位数学成绩平时与你差不多的同学，这次数学考试分数比你高很多。你会（　　）。

A. 祝贺他，并争取下次赶超他

B. 觉得他没什么了不起

(3) 班干部选举后，原来的一位小组长当了副班长，而你自己仍担任原来的组长。他向你布置工作时，你的态度（　　）。

A. 乐意接受他布置的工作

B. 找理由推卸，说无法完成工作任务

(4) 学校乐队加入了一位刚从外校转来的新队员，这位同学的表演能力比较强，你如何对待他？（　　）

A. 热心向他介绍队里的情况，虚心向他学习

B. 对他爱答不理

3. 采访爸爸妈妈是否有过嫉妒心理？他们是怎么克服嫉妒心理的？

爸爸妈妈的经历	爸爸妈妈的方法

记忆大比拼

导语

千百年来，人类依靠记忆积累经验，凭借记忆得到的能力征服了大自然，到达了理想的彼岸。若没有记忆，人就如同行尸走肉！若没有记忆，我们所接受并贮存于脑中的一切信息，随着时间一分一秒地流逝，都将一去不复返地消失在过去之中，智力和技能亦将荡然无存。

采蜜园

看到下边这个图形了吗？它叫圆周率，是圆的周长和直径的比值，它的小数点后面的数字无穷无尽而且排列得毫无规律。据说，从前有一位很有学问、记忆力很好的教书先生，他常常跑到山上的寺庙找和尚喝酒。

一次，和尚想考考这位先生的学问和记忆力，就要这位先生背诵一遍圆周率，背到小数点后22位。"背出这么长的圆周率是很难的，但是，这位聪明的先生想出了一个高招，很快就背了出来。原来，他根据读音相近的特点，编了一首歌谣："山巅一寺一壶酒，尔乐苦煞吾，

π
3.1415926535
897932384626
433832795028
841971693993
......

把酒吃，酒杀尔，杀不死，乐尔乐。"这样，当和尚念第三遍时，他很快就记住了3.141592653589793238
4626这一长串复杂的数字。

 **智慧岛**

记忆是人经常使用的能力之一。我们认为记忆力越强的人越聪明，在一般日常事务的处理上也更有效率。对于需要学习大量知识的小学生来说，良好的记忆力能让他们的学习事半功倍。

宋代学者朱熹说读书要三到，即"心到、眼到、口到"。现代科学研究证明，人从视觉取得的知识可以记住25%，从听觉取得的知识可以记住15%，若把视觉与听觉合起来，可以记住65%。多通道记忆发动脑的各部位协同工作以接纳和处置信息，用这种办法来学习其效果最为显著。

记忆需要注意的几个问题：

(1) 学习新内容，要及时反复复习才能真正记住。

(2) 把握自己每天最佳的记忆时间。(如睡前，早晨，上午 9:00，下午 3:00，晚上 7:00，具体时间因人而异。)

(3) 除掌握记忆的规律和方法外，自信心、目的性、记忆的原因、兴趣和情绪等因素对记忆也有重要的影响。

 **七巧板**

活动一　测一测

同学们，你们想不想了解自己的记忆如何？请看下面三行数字，每行12个，你可任选一行，在一分钟内读完，并把那些记住的数字写出来，位置可以颠倒。

63 85 34 27 59 48 92 47 12 75 28 41

76 29 59 24 67 19 83 49 23 91 12 46

58 62 87 93 25 98 28 32 45 16 73 51

记忆结果评价: 如果把一行中的 12 个数字正确地写下来, 记忆力是惊人的; 如果能写下 8 个数字以上, 记忆力可得优; 如果能写下 4 个数字, 记忆力只能算一般: 如果写下的数字在 4 个以下, 则记忆力需要加强锻炼。

活动二　赛一赛

1. 同学们请用一分钟记住以下词组, 然后请大家默写下来。

太阳　母亲　夜晚　儿子　河流

星星　稻米　湖泊　祖父　耳朵

眼睛　父亲　手臂　玫瑰　棉花

雪　　头　　树　　嘴

(1) 全班同学同时默写, 另请 4 位同学到黑板上默写。

(2) 请默写较好的同学谈谈记住的方法。

2. 用形象的故事将记忆的内容串起来 (限时 5 分钟)。

57　马　23　狗　1997　枪　大楼　草地

电脑　树　学校　朋友　玩具　生活

百宝箱

记忆的规律有: ①中间的内容较难记住; ②遗忘的规律是先快后慢; ③理解的内容比较容易记住。记忆法如果是用一句话来概括它的本质, 就是用我们容易记忆的信息来记忆我们不容易记忆的信息。容易记忆的信息有四种特点: 第一种是有图, 第二种是有序, 第三种是有理, 第四种是有趣。

记忆的方法

1. 谐音记忆法: 例如, 马克思的生日是 1818 年 5 月 5 日 (一巴掌一巴掌打得呜呜哭)。

2. 联想记忆法: 例如将几个词语串成故事。钥匙、圆月、球儿、锣鼓、珊瑚、芭蕉、气球、扇儿、女人、石榴。可以把这几个词语想象成这样一个场景：天空中有一串很大很大，像柱子那样大的，并且是闪闪发光的钥匙，插在了天空中那个明亮的圆月上，月亮露出了美丽的笑容。伸出一只手出来，拿起了一个银白的球儿，竟然用球儿敲打起锣鼓来了。"砰、砰、砰"天空中一下子充满了锣鼓的声音。突然锣鼓爆开了，从里面飞出来了一棵很大的珊瑚，珊瑚一下子把一棵茂盛的芭蕉树给压倒了，芭蕉树倒下的时候，从树上掉下来了很多红色的大气球与白色的扇儿。一个女人跑了过来，嘴上还吃着一个大石榴。

3. 重复记忆法：反复多次记忆同一内容，才能真正记住。重复是记忆之母。

4. 对比记忆法：宽 wide——窄 narrow

　　　　　　　长 long——短 short

　　　　　　　新 new——旧 old

 **亲子加油站**

通过这些方法的学习，我们一定对自己的记忆力有了进一步的了解，也一定想让自己的记忆力特别强，现在我们和爸爸妈妈一起来试试吧！

1. 苹果　梨　　芒果　西瓜　桃　　杏　香蕉
　　葡萄　石榴　柚子　橘子　山楂　大枣

2. 学生　汽车　裤子　沙发　老师　椅子　袜子
　　家长　飞机　衬衫　柜子　摩托　围巾

3. 运用谐音记忆法给下面的数字编口诀。

　　0 0 5 4 4

　　5 2 1 3 8 3

　　6 2 6 4 3 3 8

　　3 3 6 5 1 7 6

第13讲 做一个好男(女)孩

导语

每个人都希望给别人留下一个良好的形象，形象是一个人内心世界的外观。当我们走进装饰一新、环境优雅、服务周到的商场，就会感到这个商场有良好的氛围，产生信赖感。同样，拥有良好自我形象就像拥有无形的资产，会使我们受到更多人的喜欢、接受和理解。那么处于豆蔻年华的我们，怎样做个好男(女)孩呢？

采蜜园

课间活动时，一群女孩在一起跳皮筋，男孩子小江也想加入，可女孩却异口同声地说："不加不加，男孩怎么会跳橡皮筋呢？"小江生气了，于是当女孩跳时他就上前捣乱。这样，他们吵了起来，并告到老师那里。

小芳是个小女生，她剪着短头发，爱和男生称兄道弟，她的性格是"路见不平，拔刀相助"的"活张飞"。如果有谁招惹她或她的朋友，她一定大发雷霆，什么也不管，直接向他们发起进攻，直到他人求饶时才肯罢休，所以同学们常常称她是"假小子"。

智慧岛

为什么女生们不让小明跳皮筋？同学们为什么叫小芳叫"假小子"？男生和女生有什么不同呢？男孩子和女孩子都有各自喜欢玩的游戏，性别不同，性格就不同，这就是我们所说的性别意识。平时你有注意观察男生和女生的玩具有什么不同吗？男孩和女孩的玩具为什么会有很大的不同呢？这是由于男生、女生在生理和心理的不同，喜欢做的事情也会不同。你可曾想过，我为什么是男孩或是女孩？我们的性别是由什么决定的？科学家告诉我们，决定性别的因素是和染色体息息相关的。有两个特别的染色体叫做 X 染色体和 Y 染色体，它们带着性别的信息。女孩子有两个 X 染色体，而男生带有一个 X 染色体一个 Y 染色体，都是由爸爸妈妈遗传给我们的，所以在我们出生前就已经决定了我们是男生还是女生，我们不可以自己选择。

如果你是男生，我为你感到高兴，因为男子有优秀的智力，有成为伟人的素质；在艺术创作和科学研究中、在重要的岗位中从事第一线工作的大多数是男子。如果你是女生，我也为你感到高兴，这是因为女生更善于表达自己的思想；女子普遍观察敏锐，发现问题和解决问题的直觉力较强；女生的想象力更丰富，更富有创造力，思维灵活，不受常规约束。无论你是男生还是女生，我们应该知道自己的优势和能力，因为我们虽不能选择性别，但可以选择自己热爱的人生。

七巧板

活动一　男女大考验

把你认为属于男生、女生的物品各自填在相应的框里。

汽车	手枪	手镯	跳绳	裙子
发卡	芭比娃娃	毽子	足球	
耳钉	积木	高跟鞋	变形金刚	

男生的物品【　　　　　　　　　　　　　　　　　】

女生的物品【　　　　　　　　　　　　　　　　　】

分享讨论：男生的物品和女生的物品各有什么特点？哪些物品你能一眼就看出是属于男生或女生的，哪些物品不容易判断呢？

活动二　我们欣赏好男孩、好女孩

1.请大家描绘出自己心目中的"好男孩""好女孩"形象。

(1) 每个人自己先列出至少五条，形象包括外貌、行为、气质、性格等多方面。

_____

(2) 组内交流，统一意见，全班交流。

2.接下来，请男生组讨论"最让男生讨厌的女孩"，女生组讨论"最让女生讨厌的男孩"。把小组意见记录下来。

_____

活动三　开心测一测

从小到现在，长辈们除了精心为我们安排吃穿用之外，还常常：

（在所选的项目前打"√"号，在下面可写上其他的内容。）

[　] 给我买花衣裙　　　　　　　[　] 给我买牛仔装

[　] 给我扎小辫　　　　　　　　[　] 给我剃个小平头

[　] 夸奖我漂亮　　　　　　　　[　] 称赞我力气大、勇敢

[　] 鼓励我学习舞蹈　　　　　　[　] 鼓励我在黑暗中走路

[　] 批评我"疯疯癫癫"　　　　　[　] 批评我爱哭

[　] 经常给我买粉色系的衣服　　　[　] 经常给我买蓝色系的衣服

我明白了，长辈们希望我成为一个＿＿＿＿＿＿＿＿＿＿＿＿＿。

百宝箱

受欢迎的女生宝典

脸上经常带着微笑，温柔大方的女生；活泼而不疯癫，稳重而不呆板的女生；心直口快，朴素善良、随和的女生；聪颖、善解人意的女生；纯真不做作、有性格的女生；能听取别人意见，自己又有主见的女生；坦然、充满信心的女生；不和男生打架的女生；说话斯文的女生。

受欢迎的男生宝典

大胆、勇敢的男生；幽默、诙谐的男生；思维敏捷、好学、善于变通的男生；团结同学、重友情的男生；集体荣誉感强的男生；有主见的男生；热心助人的男生；有强烈上进心的男生；勇于承当责任、有魅力的男生。

相信同学们对受欢迎以及不受欢迎的男女生形象有了深刻的了解，相信在今后的日子里，你们一定会努力去做一个让人喜欢的男孩和女孩。真诚地希望你们不但让自己拥有一个大方得体的外表，更要拥有一颗美好的心灵！

最后，送给大家一首小诗，让我们彼此在这首小诗中再次感受好男孩、好女孩给我们带来的快乐吧！

男孩是土地，坚定中充满睿智，

女孩是春雨，善良而美丽；

男孩爱在绿茵场上驰骋，

女孩爱在阳光下嬉戏；

男孩会自我鼓励，

女孩会欣赏别人；

如今的男孩，如今的女孩呀，共同撑起那一片蓝天！

男孩有男孩的精彩，女孩有女孩的风采。男生、女生虽有区别，但互有特点，都有各自的优势，只要认清自己的优势，发挥优势，积极上进，男生女生都可以很棒。有男有女，世界才和谐，不同特征的人们构成了地球上最美的一道风景。所以我们在日常生活中学会互相欣赏、互相尊重、互相学习。

亲子加油站

调查爸爸、妈妈小时候喜欢玩什么游戏。

爸爸爱玩的游戏	妈妈爱玩的游戏

你对我很重要

导语

在学习和生活中，我们常常需要与同学合作完成。课堂上，同学们精彩的回答碰撞出智慧的火花；大扫除中，同学们分工合作，快速高效地让校园面貌焕然一新；运动场上，大家各展所长为班集体争得荣誉……合作，渗透到学习与生活的方方面面。如何发挥团体的力量，与他人合作？这值得我们一直去努力实践。我们只有在合作中相互学习，才能在生活、学习中不断完善，做得更好。

采蜜园

"这篇作文写得怎么样？"语文课上，五 (2) 班的班主任蒋老师微笑着期待同学们的回答。教室里鸦雀无声，看不到一只小手举起，大家不敢正视老师，默默垂着头。蒋老师只好点名，被点中的同学羞答答地涨红了脸，支支吾吾没说清几个字。一堂课就在这样尴尬的僵持气氛中结束了。

第二天，蒋老师继续讲评作文。她把全班同学分成了八组，小组成员轮流发言。大家畅所欲言，无须担心自己的发言是否正确，会不会被同学笑话，可以从不同角度提出自己的看法，组内同学多多肯定发言者的优点，多把从某个同学发言中联想到的问题或者精彩词句与大家分享。"听到小方说某个词用得好，我觉得换这个词是不是更好？""清清刚刚读的那个段落确实很精彩，我也有这样的想法，我觉得还可以这样接着写……"是啊，合作讨论，既了解了更多人的想法，也从别人的提示中产生更闪光的灵感。

　　瞬间，你一言，我一语，班级气氛立刻活跃起来，同学们纷纷发表自己的看法，不吐不快，课堂热闹非凡。同学们在最后的总结中，感慨地说："一篇作文在大家的合作研讨中，呈现出别样的生机！创造性的合作成就华美篇章！"

智慧岛

　　"学会学习，学会创造，学会合作，学会生存"已成为 21 世纪教育的主题，合作能力是未来工作、社会适应乃至国力竞争的重要基础。合作是指不同的人为了共同的目标而协同活动。如在运动会时，全班同学共同拼搏为班集体争得荣誉。同学们多为独生子女，培养合作意识、合作精神和合作能力，关系到人格的发展。合作意识、合作精神和合作能力的培养，已成为学校心理健康教育的重要任务之一。

　　合作是生活和学习的需要。合作不仅能帮助他人解决问题，同时自己也能从别人那里学到新的思想和方法，体会到人与人之间合作的快乐，共享成功的喜悦。合作需要每个成员最大限度地发挥个人的积极性、主动性和创造性。每个人都有自己的长处和不足，在看待事物上也会有不同的观点。可是，依靠一个人的力量往往无法对事物进行全面完整的分析，找出至善至美的解决方法。但如果发扬合作精神，效果就会大不一样了。

　　合作，是共享的基础，是成功的土壤。任何事情的成功，都需要良好的合作。即使是在竞争下的合作也需要注意：

(1) 体现"双赢"的原则。

(2) 处理好自己与他人的关系。

(3) 必须发扬团队精神。

"一个篱笆三个桩，一个好汉三个帮""团结就是力量""众志成城"，不论是在过去、现在，还是将来，合作是项永恒的主题。

七巧板

活动一　合作双赢

1. 组内成员之间两两结合，各自在纸上写下自己想得到的钱数。

2. 如果两个人的钱数之和刚好等于100或者小于100，那么，这两个人就可以得到自己写在纸上的钱数。

3. 如果两个人的钱数之和大于100，比如说是120，那么，这两个人就要分别付给老师60元。

温馨提示

为了达到共同目标，大家需要相互配合，选择小于50的数字。

活动二　解开心结

游戏规则

1. 全班分成三个组。

2.每组手拉手形成一个圆圈，每人面向圆圈中心，然后向内移动。

3.每人举起双手，待大家走到圆圈中心后，伸出一只手拉对面同学的一只手，另一只手拉别的同学的一只手。

注意：

(1) 只能一手拉一手。

(2) 两只手不能拉同一个人的两只手。

(3) 不能拉相邻同学的手。

4.确定每个人的手都是一对一的握好，形成千千结。

5.从这一刻开始，不能松手和换手。

要达到的结果：整组人开始行动，解开所有的结，形成一个大圆圈。

想一想

1.游戏中出现了什么困难？如何克服？

2.联系生活、学习，谈谈游戏的体会。

活动三　快乐回忆

1.5 ～ 6人一组，围圆而坐。

2.在我们成长的过程中，一定有不少成功合作的经历。请问你记忆最深刻的一次合作是什么？

3.你认为成功的原因是什么？怎样才能合作成功呢？

 **百宝箱**

我们在学习和生活中不可避免地会和别的同学合作完成一件事情，在这时候我们应该如何做才可以和别人更好地合作呢？

1.相互信任。合作双方最重要的一点是信任。如果在合作的时候，你不相信你的队友，你的队友又凭什么相信你呢？当你和别人合作的时候，要无条件地相信他，相信他可以将这个任务做好，然后你也要全身心地投入进去。

2.真诚沟通。合作中，彼此应该有什么就说什么，有问题就提出来，大家一起来解决。如果你有事情不说，会使得其他的队友认为你对他们有意见。

3. 合理分工。充分认识自己的长处和其他人的长处，每个人都分别做自己最拿手的事情，互通进度，组内你追我赶，争取实现共同进步。

4. 乐观参与。以乐观的态度、阳光的性格参与合作，因为你的状态不仅影响你自己的表现，可能还会影响到其他的队友。如果你成天唉声叹气、无法推进自己的任务，这会影响其他人的情绪，可能直接导致任务的失败。

亲子加油站

1. 问一问爸爸妈妈，他们在工作和生活中有哪些合作行为？哪些合作让他们记忆深刻？他们从合作中收获了什么？

爸爸的合作行为	妈妈的合作行为

2. 请和爸爸妈妈一起来读一读姜戎的《狼图腾》。

第15讲　看谁学得好

第15讲

导语

《韩非子·功名》告知我们：左手画圆，右手画方，不能两成。我们要提高学习效率，取得好成绩，一个重要的前提就是要有较好的注意力。

采蜜园

米芾是宋朝著名书法家，他自小就喜欢书法，但练习了许多年，却一直无法有突出的进展。

有一天，从外地来了一位秀才，米芾听人说这个秀才字写得很好，于是前去向他求教。秀才答应收米芾做学生后，拿出一本字帖说："你回去后照这本字帖红字，写好后再拿给我看。"米芾回去后照着秀才

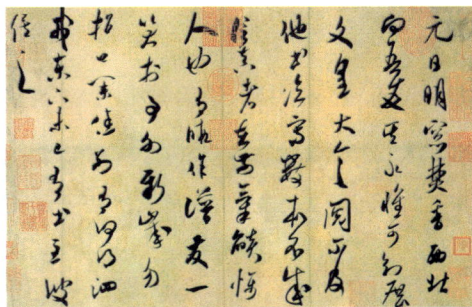

的话去做，很快将字写好了。他连忙跑去见秀才，恭敬地请他指教。秀才看了他一眼，就摇头说："你要我教你写字，就必须要用我的纸。"米芾立即回答道："没问题，只要老师愿意教我，就依您的指示去做。"

秀才又说："可是我的纸很贵，要五两银子一张。"米芾听见后虽然有些吃惊，但还是答应了。

米芾家里并不富裕，他回去向母亲请求帮忙，于是母亲将首饰拿去变卖，再让米芾拿去买纸。米芾接过向秀才买的纸，觉得它与普通纸并没有两样，但是因为花了大把银子，因此不敢随便下笔，他望着字帖琢磨笔势半天，用手在桌面上来回比划着写来写去，就是无法下笔。秀才见到米芾半天还没写出一个字来，于是问他说："为何还不写？"米芾回答说："纸太贵，怕写坏了。"秀才说："你不写，要我如何教你呢？"于是米芾就非常用心地写了一个字。结果写出来的字比字帖上的字更好更有力量。秀才此时说："过去你写字总是不能用心，所以写出来的字不好，这次因为纸贵，怕写不好，所以用心之后再下笔，结果当然不一样了。"后来米芾终于成为一代书法大家。

你觉得 1 个铜钱 10 张的宣纸和 5 两银子 1 张的宣纸，有区别吗？你知道米芾能写好字的关键在哪儿吗？

智慧岛

我们通常有过这样的经验，在打游戏或看电视时，注意力高度集中，有时候甚至听不到外界的其他声音，而在学习时却很容易溜号、走神甚至找借口来逃避学习。为什么呢？这是因为注意力。什么是注意力呢？

注意力是指人的心理活动指向和集中于某种事物或对象而不被外界刺激所干扰的能力。心理学、教育学研究证实，注意力不集中会对青少年的学习产生很大的影响。

高品质的注意力判断的标准主要有四个方面：

第一是能够迅速进入注意状态。如打了上课铃以后，学生进入教室，回到座位上就能够迅速地进入注意状态，专心听老师讲课；在家里写作业，摊开作业，马上就能把注意力集中到作业本上来。相反的情况是，迟迟不能进入注意状态，听课心不在焉，在家中写作业也是一会儿上厕所，一会儿喊饿，要吃零食，很难静下心来写作业。

第二是能够排除干扰。比如上课时能够专心学习，即使外面再吵闹也不为之所动；在家做作业的时候，不会受到客厅里电视的干扰。相反，上课时，教室外面一有风吹草动，哪怕有个人走过，就会掉头张望；在家做作业，大人在客厅一开电视，马上就坐不住，有人敲一下门，马上就会伸出来头来看一下。

第三是能够快速反应。如在上课时，老师一提问，马上就能快速反应，积极举手发言；在家写作业时速度很快。相反，孩子上课注意力跟不上，不能快速反应，很少主动举手发言，被老师点名了，也往往回答不上来；在家写作业，也是拖拖拉拉，明明很简单的题目，全都会做，别的小孩半小时就能做完，他要磨磨蹭蹭一个小时。

第四是能够及时转移。比如孩子虽然在课间休息的时候与同学发生争吵，让自己心情很不好，如鲠在喉，但是一上课，就能放下不愉快的心情，专心听讲；在家里，即使被爸爸妈妈批评了，受了委屈，一旦写作业，就能遗忘不快。相反，有的孩子被老师和父母批评后，心里越想越委屈，上课想，写作业想，根本无法自拔，学习当然也就无法专心了。

七巧板

活动一 测一测

请你根据自己的实际情况，在相应选项上打"√"。

1.我上课听讲时，心不在焉，难以静下心来。

A.偶尔　　　　B.一般　　　　C.经常

2.外在的干扰再大，也很难影响我完成当前的任务。

A 偶尔　　　　B. 一般　　　C. 经常

3. 自习时，我容易分心，容易被外界干扰。

A. 偶尔　　　　B. 一般　　　C. 经常

4. 我会围绕学习目标和内容安排自己的事情。

A. 偶尔　　　　B. 一般　　　C. 经常

5. 做作业时，我不能注意细节，马虎大意。

A. 偶尔　　　　B. 一般　　　C. 经常

6. 我上课时，头脑清醒，很有精神。

A. 偶尔　　　　B. 一般　　　C. 经常

7. 我做事时，丢三落四，心猿意马。

A. 偶尔　　　　B. 一般　　　C. 经常

8. 我不会被琐事影响我的学习。

A. 偶尔　　　　B. 一般　　　C. 经常

9. 与人聊天、谈话时，我在想另外的事情。

A. 偶尔　　　　B. 一般　　　C. 经常

10. 该玩时玩，该学时学，不会玩时想学，学时想玩。

A. 偶尔　　　　B. 一般　　　C. 经常

评价与分析

1、3、5、7、9 各题：选 A 得 3 分，选 B 得 2 分，选 C 得 1 分。

2、4、6、8、10 各题：选 A 得 1 分，选 B 得 2 分，选 C 得 3 分。

整体来看，得分越高，说明你的注意力越稳越好。

具体来看，1～10 分，说明你的注意力是比较差的，需要下功夫改善自己的注意力；11～20 分，说明你的注意力一般，需要继续提高；21～30 分，说明你的注意力较好，需要继续保持。

活动二　做一做

在一张有 25 个小方格的表中，将 1～25 的数字打乱顺序，如下表。请你用最快的速度从 1 数到 25，要边读边指出，同时计时。

研究表明：7～8 岁的儿童按顺序找到图表上数字的时间是 30～50 秒，平均是 40～42 秒；正常成年人看一张图表的时间是 25～30 秒，有些人可以缩短到十几秒。你可以自己多制作几张这样的训练表，每天训练一遍，相信注意力水平一定会逐步提高！

6	18	10	14	5
12	21	1	23	17
9	4	16	20	7
15	25	8	2	24
3	19	13	22	11

活动三　试一试

1. 准备一张白纸，从上往下，在白纸上用黑色墨水笔画几个圆点，上面的大一点，向下逐渐变小。

2. 坐好，调整一下呼吸，尽量使用丹田呼吸法，总之让自己的心静下来，放松自己。

3. 一开始用你的眼睛看最上面的圆点，注意放松。

4. 暗示自己黑点变大了，且清晰入目。

5. 凝视圆点，呼吸要尽量保持丹田呼吸法，尽量把不眨眼睛的时间延长。当然不要累了眼睛，特别记住，一切要随意。

6. 练到眼睛能很长时间一眨不眨地凝视这个黑点时，就换小一些的黑点继续训练。

这个训练法配合丹田呼吸法，集中我们的精神力于一个圆点，使圆点在我们的眼中、心中扩大，增强自我的控制力，通过这个方法可达到注意力集中的目的。

百宝箱

抗干扰训练法

集中注意，保持聚精会神的状态，就需要较强的抵抗外界和内心干扰的能力。在这里要排除的不仅是环境的干扰，还有内心的干扰。

环境可能很安静，在课堂上，周围的同学都坐得很好，但是，自己内心可能有一种躁动，有一种干扰自己的情绪活动，有一种与这个学习不相关的兴奋。对于各种各样的情绪活动，要善于将它们放下来，予以排除。

这时候，我们要学会将自己的身体坐端正，将身体放松下来，将整个面部表情放松下来，也就是将内心各种情绪的干扰随同这个身体的放松都放到一边。内心的干扰常常比环境的干扰更严重。如果想做一个有成就的人，就要具备这种事到临头能够集中自己注意力的素质和能力，要善于排除各种环境中的干扰，同时也善于排除自己内心的干扰。

亲子加油站

把自己提高注意力的方法和爸爸妈妈一起分享。

我的方法

第16讲 做一个自信的人

导语

自信，是迈向成功的第一步。自信不但能带来快乐、愉悦的内心体验，更能激发人的各种潜在能力，是积极心态的催化剂。在日常的学习生活中，大多数的人都希望自己是一个自信的人，那自信该如何培养和提升呢？

采蜜园

蓝蓝是中铁小学五年级 (8) 班的学生，平时比较安静，不敢展现自己；胆小内向，说话声音很小；特别爱哭鼻子，但她的学习成绩非常棒，每次考试都是名列前茅。

五年级开学第一课，新来的班主任组织开学典礼，邀请全班同学轮流做自我介绍，还没有轮到蓝蓝，她就开始全身哆嗦，脸色惨白，真正轮到蓝蓝时，她突然趴在课桌上哭起来，坚决不愿意站起来。

新学期的班干部竞选，有意愿参加竞选的同学都提前一周准备稿子，填写岗位意向。班级同学纷纷走上讲台，激情澎湃地讲述自己的竞选理由，轮到蓝蓝时，她悄悄对同桌说："你帮我去吧，我不敢，我怕，我怕我说不好，我怕……"边说边把竞选稿子和岗位意向表推给同桌，同桌还来不及回答，就看见她羞涩地低下头，小声地哭泣着。

智慧岛

自信是发自内心的自我肯定与相信，是一种对自己素质、能力做积极评价的稳定的心理状态，即相信自己有能力实现自己既定目标的心理倾向，是建立在对自己正确认知基础上的、对自己实力的正确估计和积极肯定。

1. 自信是健康的心理状态：自信是相信自己有能力实现目标的心理倾向，是推动人们进行活动的一种强大动力，也是人们完成活动的有力保证。自信本身就是一种积极性，自信是在自我评价上的积极态度，它是一种健康的心理状态。

2. 自信是成功的保证：有自信的人能够正确地、实事求是地评估自己的知识、能力，能虚心接受他人的正确意见，对自己所从事的事业充满信心。美国教育家戴尔·卡耐尔在调查了很多名人的经历后指出："一个人事业上成功的因素，其中学识和专业技术只占15%，而良好的心理素质要占85%。"自信是成功的保证，是相信自己有力量克服困难、实现一定愿望的一种情感。

3. 自信是承受挫折、克服困难的保证：自信是一种内在的精神力量，它能鼓舞人们去克服困难，不断进步。高尔基指出："只有满怀信心的人，才能在任何地方都把自己沉浸在生活中，并实现自己的理想。"战胜逆境最重要的是树立坚定的信心，自信心可以使人藐视困难，战胜邪恶，集中全部智慧和精力去迎接各种挑战。

七巧板

活动一　心理测试

自信是成功的基础，愉快的前提。你足够自信吗？本测试题没有标准答案，请选择最符合你状况的选项。

温馨提示：A = 很不同意，B = 不同意，C = 同意，D = 很同意

编号	题目内容	A	B	C	D
1	我认为自己是个有价值的人，至少基本上是与别人相等的。				
2	我觉得我有很多优点。				
※3	总体来说，我觉得我是一个失败者。				
4	我做事的能力和大部分人一样好。				
※5	我觉得自己没有什么值得骄傲的。				
6	我对于自己是抱着肯定的态度。				
7	总体而言，我对自己感到满意。				
※8	我希望我能够更多地尊重自己。				
※9	有时候我觉得自己确实很无用。				
※10	有时候我认为自己一无是处。				

1. 计分方法

(1) 第1、2、4、6、7题为正向计分：选项A计1分，选项B计2分，选项C计3分，选项D计4分，合计：＿＿＿＿分。

(2) 第3、5、8、9、10五个题目带※，是反向计分，即选项A计4分，选项B计3分，选项C计2分，选项D计1分，合计：＿＿＿＿分。

(3) 请把你两次计算的分数加起来，你的总分是＿＿＿＿分。

2. 分数解释

(1) 10～15分：不够自信者——你对自己缺乏信心，尤其是在陌生人和权威人士面前，你总是感到自己事事都不如别人，你时常感到自卑。你需要大大提高你的自信心。

(2) 16～25分：自我感觉平常者——你对自己感觉既不是太好，也不是太不好。你在某些场合下对自我感到相当自信，但在其他场合却感到相当自卑，你需要稳定你的自信心。

(3) 26～35分：自信者——你对自己感觉良好。在大多数场合下，你都对自我充满了自信，你不会因为在陌生人或权威人士面前感到紧张，也不会因为没有经验就不敢尝试。你需要在不同场合下调试你的自信心。

(4) 36～40分：超级自信者——你对自己感觉太好了。在几乎所有

场合下，你都对自我充满了自信，你甚至不知道什么叫自卑。你需要学会控制你的自信心，变得自谦一些。

3.讨论分享

请在小组内分享讨论你们的测试结果，并说说进行这个测试后你的收获和启示。

活动二　自信者名片

1.5～6人为一组，请结合你的学习生活经验，小组合作完成制作"自信者名片"，在班级展示交流。

自信者名片

外貌和表情：_____；

言行和举止：_____；

性格和品质：_____；

情绪和态度：_____。

参考词语：乐观、昂首挺胸、勇敢、精神抖擞、眉开眼笑、开朗、自然舒展、热情、友好、大方、活泼、果断、愉快、真诚、守信、虚心、可靠、幽默、理智、有责任感、微笑、积极……

2.请认真阅读"自信者名片"，并完成以下的句子：

我觉得我很棒，因为我_____(自己的优点);

我也很开心有机会遇见"自信者名片"，

我是自信的人，

我有资格遇见更好的自己，

我希望自己在_____(努力方向)表现得更棒。

百宝箱

魔法一：打造自信的形象

1. 经常微笑：人的面部表情与人的内心体验是一致的。笑是快乐的表现，笑能使人产生信心和力量。学会微笑，学会在受挫折时笑得出来，就能提高自信心。没有信心的人，经常眼神呆滞，愁眉苦脸，而自信满满的人，则眼睛总是闪闪发亮、满面春风。

2. 挺胸抬头：昂首挺胸是富有力量的表现，是自信的表现。成功的人、自信的人总是昂首挺胸，意气风发。人的姿势与人的内心体验可以相互促进，学会自然的昂首挺胸，就会逐步树立自信，提高自信。

魔法二：积极暗示，增强自信

有位心理学家设计了一种被称为"60秒 PR 法"的放松方法。它的做法是：每天花60秒钟以讲演的形式简洁地描述自己的天赋和能力，以及自己应达到的成功目标。具体过程如下：

第一步，现在先请你补充完句子。

(自我激励语言)_____+ 我的优点有_____；

例：我正在进行自信训练，我一定会越来越有自信的。我的优点有……

第二步，每天早起后和晚上临睡前，各用一分钟左右的时间进行积极的自我暗示。安静地坐下来，背板挺直但身体放松。

第三步，深呼吸两次，然后大声将自己写的句子说出来(说这些句子时，一定要全神贯注，没有一丝杂念，每次说2～3句，一个句子重复说3～4遍)。

亲子加油站

1. 多阅读一些名人自信、励志的故事。

有一次，在一场全国性的律师辩论大赛中，著名电视主持人王小丫前去采访一位著名的大律师。走到他跟前，王小丫很自然地坐了下去，"噌"的一下，她一屁股坐到地上去了，全场哄堂大笑。

关键是她要采访的那位大律师居然不伸手去扶她一把，反而在她的旁边哈哈大笑，还笑得最响。当时王小丫真的很尴尬，但没办法，自己摔倒就自己爬起来。她调侃着说："我摔得太不漂亮了，下次摔跤我一定要注意姿势。"接着若无其事地笑着，开始了采访。

事后，王小丫告诉大家："自信，有时需要学会自我解嘲。"其实，王小丫的自嘲恰恰体现了她的自信。

2. 和你的爸爸妈妈一起进行想象训练：遇见未来的我。

闭上眼睛，深呼吸，想象一下 3 年后的你正站在一个地方，看看他（她）是什么样子？过得怎么样？

3 年后的我

第17讲 **别人眼中的我**

导语

在同学眼里你是一个什么样的人，你想知道吗？你的同伴又是怎样评价你呢？你是否被别人评价过幼稚，蠢，笨之类的话，是不是开玩笑的语气？那么听到后你是什么样的心情呢？怎么正确对待这些别人的评价呢？

采蜜园

父子二人赶驴到集市去，途中听人说："看那两个傻瓜，他们本可以舒舒服服地骑驴，却自己走路。"于是老头让儿子骑驴，自己走路。又遇到一些人说："这儿子不孝，让老子走路他骑驴。"当老头骑上驴让儿子牵着走时，又遇到人说："这老头身体也不错呀，让儿子在下面累着。"两人只好一起骑驴，没想到又碰到人说："看看这两个懒骨头，把可怜的驴快压趴下了。"老头子与儿子只好选择抬着驴走的方法了，没想到过桥时，驴一挣扎，

坠落河中淹死了。

智慧岛

"父子骑驴赶集"这则故事虽短，但却有深刻的内涵，对于我们学会如何对待他人的议论和评价大有裨益。故事里的这对父子过分在意别人的看法，完全没有自己的主见，所以才会闹出这样的大笑话。这个故事告诉我们要具备判断能力，不要活在别人的想法里，要靠自己的脚走路、自己的脑袋思考。

别人的评价是我们认识自己的一条途径。我们每一个人都希望能得到他人的认可与尊重。人人都会通过别人的评价可以很好地认识自己，而且大家在乎别人怎么看自己，怎么评价自己，这也是可以理解的。但是要掌握一个度，因为你无法得到每一个人的认同或赞许，太多意见会让你无所适从。

大家认识王源吗？他是 TFBOYS 中的成员，是很多青少年的偶像。可是你知道吗？在舞台上星光闪耀的他也有一些苦恼。刚出道时他非常关注网络上对他的一些评论，哪里做得好，哪里做得不好，当看到一些自己的负面评价时，他心里非常失落。发现他怎么努力也得不到所有人的喜欢，于是他很快地调整心态，丰富自己，活出更好的自己。

七巧板

活动一　镜中的我

请同学对照老师带来的各种各样的哈哈镜，看一看里面的自己相同吗？这个活动你有什么感受？

_____

_____

活动二　我是一个（　）样的人

每位同学在自己的纸上先自我评价，然后传到小组中每一位同学互评，大家评论后，小组同学相互交流。

你对同学的评价有什么感受？

_____

_____

活动三　正确对待他人评价

你是否认同这些评价？

如果不认同的话，原因和理由是什么？

哪些评价让你对自己有了新的认识？

_____

_____

百宝箱

俗话说："当局者迷，旁观者清。"别人像面镜子，照出我们自己看不到的地方。从不同的角度，会看到不同的自己，角度越多，个人对自己的认识就越全面。只有全面地认识了自己，才会更好地取长补短，完善自我，取得成功。

张海迪五岁时患脊髓血管瘤高位截瘫，因此她没进过学校。童年起她开始以顽强的毅力自学知识，先后自学了小学、中学和大学的专业课程。十五岁时，张海迪随父母下放到聊城莘县一个贫穷的小村子。但她没有惧怕艰苦的生活，而是以乐观向上的精神奉献自己的青春。在那里，她给村里小学的孩子们教书，并且克服种种困难学习医学知识，热心地为乡亲们针灸治病。在莘县期间她无偿地为乡亲们治病一万多人次，受到人们的热情赞誉。

爱迪生出生低微，生活贫困，他只上过三个月的小学。老师因总被他古怪的问题问得张口结舌，竟然当着他母亲的面说他是个傻瓜，将来不会有什么出息。爱迪生虽未受过良好的学校教育，但凭个人奋斗和非凡才能以及自信、自强、自立，获得巨大的成功。他自学成才，以坚韧不拔的毅力以及少有的热情和精力，从千万次的失败中站了起来，克服了数不清的困难，成为美国发明家、企业家。他发明了自动电报机、留声机，并改进了电灯和电话。在他的一生中，平均每十五天就有一项新发明，他因此被誉为发明大王。

看了张海迪和爱迪生的故事，你是否为他们的精神所感动呢？如果你是他们，你会勇敢面对困难，充分展示一个真实的自己吗？

正确地对待别人的意见或批评，如果自己确如对方所说的那样就应该虚怀若谷，如果对方的言辞纯属无中生有，何必弃鸿鹄之志而与燕雀争论？其实，优秀无须证明，真正的优秀是能够容忍无聊人的恶意攻击而不进行报复的。

对于他人的评价一般有三种态度：过分在意、完全忽视、客观对待。

(1) 过分在意。他人的评价未必都是正确的。但有些人在分析别人的态度和评价时，把别人的看法当作真实的存在，忽视了客观存在的事实和自己内心的感受；以他人的评价来左右和修正自己的言行，那么言行就容易受到他人的影响，会失去明辨是非的能力，人云亦云。

(2) 完全忽视。一个人活在现实社会中，就会与其他人产生千丝万缕的联系，其言论和行动不免要受到他人的议论和评判。这是由人的本质属性——社会性所决定的。被人评价是一件再正常不过的事，不管评价好坏，起码是有人关注你。一个人如果没人关注、没人议论，倒是一件很悲哀的事。完全忽视他人评价容易让自己顽固，陷入孤独、我行我素、闭塞自我。

(3) 客观对待。对待他人评价时正确的做法是客观对待。打开心扉，不带批判地听听别人的评价，特别是我们亲近的人，比如父母、好朋友。加上自己独立思考，有自己的想法，对别人的评价有则改之，无则加勉。这样活出真正的自己，活出自信美丽的自己！

亲子加油站

你想知道爸爸妈妈对自己的评价吗？快去问一问爸爸妈妈吧！

爸爸对我的评价	妈妈对我的评价

第18讲 男生与女生

导语

同学们，随着年龄的增长，到了小学高年级，男生与女生逐渐进入青春发育期，体内一场蓬勃的变化正在发生。与此同时，心理上也有了新的发展，男生与女生或更为好奇、接近，或日渐疏远，形成两个交往圈。那么，在这个阶段，男生与女生该如何相处呢？

采蜜园

六 (2) 班的小欣和小康都是班干部，住在一个小区，自小就是好朋友。每当小欣遇到委屈、受到欺负，小康总是毫不犹豫地挺身而出。小刚在学习、生活中遇到什么困难，也总是向小欣求救，小欣绝对第一时间施以援手。美好的友谊一直伴随他们成长。

升入六年级没多久，有一天课间，一位男生走进教室，看到小欣和小康正在面对面地讨论问题。他恶作剧地

一笑，召集了几个男生，挤在教室门口大声地喊："嘿，大家快来呀，看这小两口！"小欣满脸通红地走开了。同学们都在背后议论他们，说他们形影不离，一定是在谈恋爱。

从那以后，小欣和小康之间好像有了一堵无形的"墙"，见面不说话，放学后各自回家……他们有些迷茫，不明白同学们为什么总在背后议论，也不清楚，到了高年级该不该和异性同学再继续交往。

智慧岛

为什么小欣和小康之间的相处会发生这么大的变化呢？因为到了小学六年级，同学们进入了青春期，性意识萌芽，开始注意男女生的差异，男女生界限也自然形成。不论男生还是女生，都希望自己能给异性同学留下好印象，大多都会对异性同学产生好奇心和好感，希望与异性同学交往，这些都是正常现象。

男女同学之间交往并建立友谊，不仅对身心发展有益，还能增进对异性同学的了解，扩大交往范围，锻炼交往能力。当今社会，开放型的人际交往成为社会交往的主旋律，我们应该学会正确地与异性同学交往，过度压抑自己对于身心健康发展是不利的。那些既与同性同学交往，又与异性同学交往的同学们，在社交方面表现得更加成熟，也为今后的社会交往打好了基础。

男女同学之间交往并建立友谊，还可以起到性格互补的作用，能够促进自我完善。男生可以在女生的影响下，改掉不讲卫生、爱讲粗话的毛病，使自己成为男子汉；女生也能在与男生的交往中，克服多

愁善感、胆小懦弱等缺点，使自己成为好姑娘。

青春期的男生、女生之间的交往不再像小时候那般无拘无束，彼此间正常的交往与友谊也经常会被称之为"早恋"，异性同学之间的人际交往会让同学们感到焦虑和紧张。其实，男生与女生之间是完全可以建立纯洁的友谊的。当然，男生与女生在交往过程中，应该注意把握好分寸，不要过于亲密。我们在面对他人的议论时，不要顾虑重重，"身正"不怕"影子斜"，时间一长，流言自然消散。

七巧板

活动一　男生女生都来猜

1. 我们班男生（女生）最喜欢什么游戏？
2. 我们班男生（女生）最喜欢看什么书？
3. 我们班男生（女生）最崇拜哪个偶像？
4. 我们班男生（女生）最喜欢听哪首歌？
5. 我们班男生（女生）最喜欢哪项运动？

活动二　男生女生都来做

1. 根据你近期的实际情况，在选项后打"√"。

	否定	肯定
(1) 讨厌和异性同学交往。	（　）	（　）
(2) 常常对着镜子左顾右盼。	（　）	（　）
(3) 偷看一些描写爱情的文学作品。	（　）	（　）
(4) 对某个异性同学的名字特别敏感。	（　）	（　）
(5) 要求父母添置漂亮时髦的衣服。	（　）	（　）
(6) 曾给异性同学写过纸条。	（　）	（　）
(7) 曾留心某个异性同学的行为。	（　）	（　）
(8) 对电视、电影中的爱情镜头特别关注。	（　）	（　）

(9) 上课注意力不集中，回家做作业不用心。　　　　（　）（　）

(10) 曾向别人请教过异性交往的问题。　　　　　　　（　）（　）

2. 写一写理想的男生与女生的特点。　　　　　　　　（　）（　）

男生：_____

_____

_____

女生：_____

_____

_____

活动三　男生女生都来演

请同学们根据下面的情景，分小组演一演。表演结束后，大家一起讨论：异性同学之间该如何进行交往。

情景一：军军给敏敏写了一张纸条，上面写着："我很喜欢你，想和你交朋友，请你下课后到致诚楼车棚等我。"

情景二：琳琳从老师办公室搬一叠作业本，不小心摔了一跤，本子散落一地，正好民民路过……

情景三：下周轮到芳芳和明明值日，老师让他俩一起到校门口站岗。

情景四：玩团体游戏的时候，老师把你和异性同学分在一组，你……

百宝箱

男生与女生进行正确的异性交往，有一个学习的过程。在与异性交往的时候要把握下面三个原则。

1. 互相尊重。由于男生与女生之间气质、性格、身体等多方面有较大差异，所以异性之间的交往也较为敏感。男生与女生在交往中应该彼此尊重，这是人际交往的首要原则。

2. 掌握分寸。男生与女生在交往中要放开自己，不必过于拘束，也不能过于随便。不随意起绰号，胡乱开玩笑，交往中真诚相待，自然大方。

3. 拓宽广度。男生与女生在交往时，要注意拓宽交往广度，避免单一交往，不要单独与异性同学去偏僻地方。广泛交往，有利于认识、了解更多的异性同学，形成良性互动。

与异性同学交往是一门科学，也是一门艺术，我们只有在实践和学习中，积极健康地参加与异性交往的各类活动，才能不断提高自身的人际交往能力。

亲子加油站

1. 近来，你在与异性同学交往方面有什么困扰吗？听听爸爸妈妈的意见和建议。让爸爸妈妈讲讲他们小时候男生与女生间发生的趣事。

爸爸妈妈小时候的趣事	爸爸妈妈给我的建议

2. 请读读毕淑敏奶奶的《写给男生女生的心灵之书》。

第19讲　我是情绪的小·主人

导语

　　情绪与人类息息相关，是我们生存、发展和适应环境的重要手段，关系到一个人一生的成长。情绪分为积极情绪和消极情绪，并没有好坏之分，但长时间的紧张、焦虑、难受等情绪会影响我们的身心健康，需要我们学会调节情绪的方法，真正做情绪的小主人。

采蜜园

亲爱的蔡老师：

　　我是6年级5班的黄严航，我好想去找您，但我在心理咨询室门口徘徊了好几次，也没有勇气。我又犹豫着给您写信，请您帮帮我吧。曾经的我，特别热爱学习，上课积极发言，脾气非常好，老师同学都喜欢我。但是这段时间，我感觉自己好像变了一个人一样，一想到选择读哪所中学，我就莫名地烦躁，如果再遇见稍微不顺心的事就火冒三丈，甚至乱扔东西。现在我的同学都说我的脾气太坏，动不动就发怒。我身边的同学似乎都不太愿意和我交流了，我也远离他们，万一哪天控制不住情绪又伤及无辜。其实我的心里更难受，我知道有时候我不该生气，但我就是控制不住自己，希望您可以帮帮我。

6年级5班 黄严航

智慧岛

古人云：六月天孩儿面，说变就变。情绪是多元的、复杂的综合体，情绪犹如四季交替般自然地发生，快乐、悲伤、焦虑、愤怒等情绪都会随时光临，因为情绪与人类息息相关，情绪是我们生存、发展和适应环境的重要手段，关系到一个人一生的成长。

情绪并无是非、好坏之分，每一种情绪都有它存在的价值和意义，我们不应该否定自己情绪的存在，而应该接受自己的情绪。即使是负面情绪，也应该允许它们适度地存在，但如果负面情绪持续不断地出现，就会对我们产生负面的影响，影响我们的身心健康，影响我们的学业成绩，影响我们的人际关系，等等。由此可见，不能让负面情绪左右我们的思想和行为，要学会在合适的时间、合适的场合用合适的方式来表达我们的情绪，善用情绪的价值和功能，有效地管理情绪，真正做情绪的主人。

小学阶段是心理发展的关键期，情绪获得了很大的发展，随着自我意识和心理能力的发展，我们认识了更多的情绪，具有了更复杂、更丰富的情绪体验，但是仍带着冲动性和易变性，需要学会情绪管理，做情绪的主人。情绪管理，需要我们认清自己当时的情绪，认清引发情绪的缘由，再以适当的方法来表达或缓解情绪。

七巧板

活动一 情绪代言

5～6人为一小组，完成以下任务：

1. 为自己的情绪代言，在小组内轮流发言，每人时间不超过20秒。

2. 格式如下：我代言的是＿＿＿＿＿＿情绪，当＿＿＿＿＿＿时候，我会产生这样的情绪。

3. 小组内分享：通过这个活动，我有什么收获和启示？

活动二　情绪蛋糕

1. 每人一张情绪蛋糕图片。

2. 想一想，最近一周我的情绪状况如何，出现过多少种情绪，并分别估算一下，每种情绪约占一周中的多少时间，算出它的百分比，然后按照百分比"切"出一个情绪蛋糕。

3. 给自己的情绪蛋糕涂上颜色：如心情好的时候可以用明亮的颜色，心情不好的时候可以用灰暗的颜色，以此类推。

4. 小组内分享：我的情绪经常充满着……出现这种情绪的原因是什么？这种情绪给我带来了哪些影响？我常用来表达情绪的方式是……

活动三　情绪日记

1. 记录：每天抽出至少十分钟，有意识地留意并记录自己的情绪变化过程。

2. 反思：利用好自己的情绪日记，并适当地反思自己的情绪，可以在一段情绪之后反思自己的情绪反应是否得当，并进行每日四问。

一问：为什么会有这样的情绪？即产生这种情绪的原因是什么？

二问：有什么消极的负面影响？

三问：今后应该如何消除类似不良情绪的发生？

四问：如何控制类似不良情绪的蔓延？

时隔数日，回过头来看看自己的情绪日记，你就会有新的感受和发现。

百宝箱

魔法一：寻找一个安静身心的阀门

任何情绪的出现，尤其是负面情绪 (消极情绪) 出现时，我们很容易沉浸在情绪中而失去理智，这个时候我们需要为自己寻找一个安静身心的阀门，让自己在很快的时间内能冷静下来，学会调节和控制情绪，真正做情绪的小主人。

1. 紧急情况的肌肉放松训练

(1) 寻找一个位置，端正坐好。

(2) 从 1 数到 9，慢慢握紧拳头，随着数字的增大，手掌用力也逐渐增大，直到你的手臂肌肉也逐渐绷紧，尽可能去感受肌肉的紧张。

(3) 坚持半分钟，感觉到手臂的紧张。

(4) 从 9 数到 1，慢慢开始放松，随着数字的减少，手臂用力也逐渐减弱，直到手掌完全松开。

(5) 然后甩甩手臂，活动活动手指；尽你所能，多做几遍，尽可能去感受肌肉的紧张与松弛。

2. 紧急情况的数颜色法

当你不满于某个人或某些事情想要大发脾气的时候，当你感觉到压力很大无法呼吸的时候，尽量暂时停下手中的事，独自找一个没有人的地方，按照提示，完成以下内容：

(1) 环顾四周的景物。

(2) 在心中自言自语：那是一面……色（颜色）的……（物品名）。例如：那是一张浅黄色的桌子，那是一把深色的椅子，那是一个绿色的文件柜……一直数到 12 样物品，大约需要 1 分钟。

(3) 评估情绪：0 ～ 10 分，0 分为最低分，没有负面情绪，10 分为最高分，负面情绪很重，给自己现在的情绪打分。如果觉察到自己的情绪还是没有平复，分数在 5 分以上，尽你所能，多做几遍，尽可能去觉察情绪的变化，直到情绪调整为 3 分以下，结束训练。

魔法二：合理宣泄，稳定情绪

当遇到负面情绪时，可以根据自己的兴趣和爱好，将烦忧的心转移到自己喜爱的活动上，痛痛快快地宣泄出来，从而让自己走出苦闷，变得快乐起来。你可以参考下面的活动形式。

1. 在适当的场合哭一场。

2. 向他人倾诉。

3. 进行剧烈的体育运动。

4. 放声歌唱。

5. 安心地睡一觉。

6. 走进大自然。

7. 书写法——通过写信、著文、赋诗、绘画、记日记等方式。

……

很多实践证明，这些自娱自乐的活动确实可以舒体宽怀、消忧排愁，有益于人的身心健康。但是，任何宣泄法都需要合理，不能对他人的身心带来负面影响和伤害，也不能对自己的身心造成伤害！

亲子加油站

1. 亲子阅读。

爱地巴跑圈

在古老的西藏，有一个叫爱地巴的人，每次和他人起争执生气的时候，就以很快的速度跑回家去，绕着自己的房子和田地跑 3 圈，然后坐在田地边喘气。爱地巴工作非常努力，他的房子越来越大，土地也越来越广，但不管房地有多大，只要与人争论生气，他还是会绕着房子和土地绕 3 圈。

爱地巴为何每次生气都绕着房子和土地绕 3 圈？

　　直到有一天，爱地巴很老了，他的房地也已经很宽广，他生气时拄着拐杖艰难地绕着土地和房子，等他好不容易走完 3 圈，太阳都下山了，爱地巴独自坐在田边喘气。

　　他的孙子在身边恳求他："阿公，您已经年纪大了，这附近地区也没有人的土地比您更大，您不能再像从前，一生气就绕着土地跑啊！您可不可以告诉我这个秘密，为什么您一生气就要绕着土地跑上 3 圈？"爱地巴禁不起孙子恳求，终于说出隐藏在心中多年的秘密，他说："年轻时，我若和人吵架、争论、生气，就绕着房子和田地跑 3 圈，边跑边想，我的房子这么小，土地这么小，我哪有时间、哪有资格去跟人家生气，一想到这里，气就消了，于是我就把所有时间用来努力工作。"孙子问："阿公，您年纪已不小了，又变成了最富有的人，为什么还要绕着房子和田地跑？"爱地巴笑着说："我现在还是会生气，生气时绕着房地走 3 圈，边走边想，我的房子这么大，田地这么多，我又何必跟别人计较？一想到这儿，气就消了。"

　　2. 列快乐清单。

　　请和你的家人一起回忆完成，最近两周令你们开心的事件有哪些，记录在下面的方框里，每人至少列出 8 项 (可以包括刚刚发生的快乐事件)。

我的快乐清单	父母的快乐清单

第20讲　我能行

导语

　　每个人都希望自己的人生能够走一条平坦的道路，但往往事与愿违：这条道路并不是一帆风顺的，有成功，也有失败，有顺境，也有逆境。有人说，挫折是人人有份的"快餐"，也就是说，在学习和生活中，我们随时都可能遇到各种困难失败，乃至遭受不幸。这时候，你是被挫折吓倒，一蹶不振，还是在哪里跌倒，就在哪儿爬起来，以顽强的意志走向成功呢？

采蜜园

　　故事一：一个11岁的小男孩，他同桌的手表丢了，同桌告诉老师手表可能是他偷走了，老师找他了解一下情况，并没有认定是他偷的，但他承受不了这个刺激，竟上吊自杀了。

　　故事二：一个年仅10岁的小男孩，在知道自己身患绝症后，还顽强地与死神搏斗，忍受着常人难以忍受的痛苦，坚持接受化疗。更感人的是，他经常利用休息时间去化疗，其他时间坚持上学，而且学习成绩良好。

　　说一说，你怎样看待这两个男孩的做法？

智慧岛

人生道路很长,遇到挫折是免不了的。有些是由于客观原因造成的,如亲人生病、去世,家里遇到天灾人祸等;有些是由于主观原因造成的,如有的青少年受到引诱、威胁,自己意志不够坚强而做了错事等。

在面对挫折的时候,有的人会勇于接受挑战,坚忍不拔,进一步激发其心理能力;有的人则悲观失望、精神崩溃。心理学上把人能承受打击的能力称"挫折容忍力"。挫折容忍力强的人,遇到挫折能保持心理健康,仍能发挥自己良好的适应能力。挫折容忍力是保护人心理健康的一道防线。

挫折对我们的影响既有消极的一面,也有积极的一面,对我们而言,是消极还是积极,关键还是看自己怎么处理。古往今来,那些取得成就的人,大多都是在充满挫折的人生道路上奋斗不息,最终成功的。而他们的成功,离不开耐挫力。

我国著名的心理学家燕国材指出,耐挫力包括两个层次:一是挫折容忍力,就是忍受挫折、不肯退让的一种心理力量。一个人若能容忍挫折,就一定会提高耐挫力的水平。二是挫折超越力,就是摆脱挫折、积极进取的一种心理力量。当一个人遭受挫折后,不要单纯容忍,还应当面对困难、保持希望、树立信心,以便化消极为积极、变被动为主动。从容忍挫折到超越挫折,体现了一个人健康、成熟的心理状态。

七巧板

活动一　做一做

游戏名:小鸡变凤凰

游戏规则:

1.所有人都蹲下,扮演"鸡蛋"。

2. 相互找同伴，通过剪刀、石头、布或者其他猜拳方式，与另外一个"鸡蛋"PK。

3. PK 胜利者，即可升级为"小鸡"，可以半蹲，输家仍然为"鸡蛋"，继续和"鸡蛋"PK。

4. "小鸡"和"小鸡"PK。获胜者进化为"凤凰"，输者退化为"鸡蛋"。"鸡蛋"和"鸡蛋"猜拳，获胜者才能再进化为"小鸡"。

5. 继续游戏，看看谁是最后一个变成"凤凰"的。

6. 分享感受。

活动二　听一听

故事《牛顿——受辱发奋》

牛顿小时候很聪明，但读书并不用心，都把心思用到做手工、想问题上了，所以在老师、同学的心目中，他是一个笨孩子。

有一次，他自己做了一架小风车带到学校，同学们都围拢过来看。正在一帮小家伙眨巴着眼睛羡慕牛顿的时候，一个同学怪声怪气地说："哟！这风车做得还怪灵巧呢！"这同学讲的是反话，因为他平时学习成绩好，一直在牛顿之上，看到牛顿在他面前表演，很不服气，于是又提高嗓门说："你这小风车的造型还可以，可它为什么会转动，你懂得这原理吗？"牛顿一时答不上来，脸就红了。那位同学劲头更足了："哼！说不出来吧，可怜！自己做的东西自己讲不出原理，说明你只不过和木匠一样！"牛顿被他这番话羞得无地自容，他哭丧着脸，走开了。这时，原来围在牛顿身边的一群小同学也一个个对他另眼看待了。"木匠！木匠！连原理都讲不出来，还在这里显摆！"说着，有的同学就动手打他的风车，别的同学也跟上去，七手八脚把牛顿的小风车打了个

稀巴烂。

牛顿心里很难过，眼泪一滴滴地流下来，事后他细想：这些同学为什么欺侮我呀？还不是我自己不争气？自己为什么不下决心把功课学好呢？夜已经深了，小牛顿还在想白天发生的事。最后下定决心：一定要把功课学好。人小志不小，小牛顿自从立志勤学后，好像换了个人似的，上课认真听老师讲课，下课认真复习功课，有空还不忘他的小手艺。不多久，他的学习成绩就赶上来了，而且超过了骂他是"木匠"的那位同学，成为班里的优秀生。

讨论：牛顿在受辱后认识到什么？后来他是怎么做的？

活动三　写一写

在我们的学习和生活中肯定会遇到一些挫折，也许是遇到的困难、不开心的事，难过的事……现在你愿意和身边的同学说一说吗？请你把最近遇到的困难和挫折写在一张纸上（不必写自己的姓名），交给老师，由老师和同学们一起共同讨论，寻找解决问题的办法。

百宝箱

应对挫折的几种方法：

1.自我疏导，合理宣泄，如大声喊叫、唱歌、哭泣等。

2.换位思考，自我升华。

3.转移注意力，改变注意的焦点。做一些自己平时感兴趣的事或者活动，或者转移话题。还可以改变环境。

4.向他人求助。必要时可以向父母、老师、心理咨询机构求助。

此时不妨找一两个亲近的人、理解你的人，把心里的话全部倾诉出来。

从心理健康角度而言，宣泄可以消除挫折带来的精神压力，可以减轻精神疲劳；同时，宣泄也是一种自我心理救护措施，它能使不良情绪得到淡化和减轻。

亲子加油站

　　和爸爸妈妈一起听一听《阳光总在风雨后》，并学唱这首歌，说说自己的感受。

我的感受

第21讲 和时间赛跑

导语

俗话说："一寸光阴一寸金，寸金难买寸光阴。"我们发现那些善于学习和生活的人总是珍惜时间，合理利用时间，他们学习效率高，生活有条不紊，成为学习和生活的主人。你能有效地安排自己的学习时间吗？

采蜜园

在美丽的草原上，曙光刚刚划破夜空，一群羚羊从睡梦中惊醒。"新的一天开始了，我们得抓紧时间跑，如果被猎豹发现了，就可能被吃掉！"于是，羚羊群起身向着太阳升起的方向飞奔而去……

几乎在羚羊群奔向远方的同时，一只猎豹也惊醒了，它起身摇摆了

几下壮实的身躯，抖去身上的灰尘，"已经有两天没吃东西了，我得立即开始寻找昨晚没有追上的猎物，如果今天还追不上它，我可能会饿死！"猎豹望着太阳升起的方向，大吼一声，狂奔而去……

就这样，每当一天刚刚开始，地球上便出现了一幅壮观的景象：

猎豹紧紧追赶着羚羊群，它们各自拼命地奔跑，在它们身后扬起滚滚黄尘……

这场追逐的结局只有两种情况——羚羊快，猎豹可能会饿死；猎豹快，羚羊就会被吃掉……但是，哪怕羚羊只比猎豹早跑上 30 秒，就有可能保全性命，这 30 秒就意味着羚羊或猎豹是活着还是死去……

智慧岛

作为一种特殊资源，时间具有如下独特性：

时间一去不返。逝去的时间，它永远也不会回来。

时间没有弹性。每天 24 小时，固定不变，而且对谁都一样。

时间不能取代。我们要花时间做的事，必须得花时间去做。

时间无法储蓄。我们能储蓄钱，储蓄知识，就是不能储蓄时间。

但是，时间可以管理。不会管理时间的人，他就什么都无法管理。

在日常的学习和生活中，我们发现有些人整天忙忙碌碌，闻鸡起舞，挑灯夜战，确实非常努力，可是他们的成绩却一般。而有些人则松紧有度，该学时学，该玩时玩，成绩却还不错。努力当然是好成绩的必要保证，然而，上述现象无疑说明学习成绩不仅取决于努力的程度，还在于学习的高效率。众所周知，学习效率高的一个重要策略便是合理计划与管理自己的学习时间。

七巧板

下面是一个拖延倾向测试，请根据你的实际情况选择"是"和"否"。

1. 我往往在压力之下才能发挥出色。　　　　　　　　　（是　否）

2. 每次我在学习以前总会花不少时间。　　　　　　　　（是　否）

3. 我非常喜欢最后一秒冲刺的兴奋感。　　　　　　　　（是　否）

4. 我通常认为不能完成某项任务也没什么，布置任务的人可能会忘记。　　　　　　　　　　　　　　　　　　　　　　（是　否）

5. 在行动之前我会反复思量。　　　　　　　　　　　　（是　否）

6. 我总是很难开始新的学习，即便是那些让我高兴的学习也不例外。　　　　　　　　　　　　　　　　　　　　　　　（是　否）

7. 我总是要等到时机成熟才开始一些重要工作。　　　　（是　否）

8. 我总是对完成任务所需的时间估计不足，总是对自己说"还来得及"。　　　　　　　　　　　　　　　　　　　　　　　（是　否）

9. 对我来讲完成大多数的学习和活动都很困难。　　　　（是　否）

10. 当我遇到不喜欢做的事情时，总是可以找到一些借口来逃避做事。　　　　　　　　　　　　　　　　　　　　　　　（是　否）

评价与分析

统计回答"是"的个数。如果一个人回答"是"的次数越多，他就越具有拖延的倾向，如果肯定的回答次数是8次甚至更多，一个人的学习效率将受到显著的负面影响。

鲁迅的故事

伟大的思想家、革命家、文学家鲁迅成功的一条重要经验就是珍惜时间。鲁迅整个一生都是在拼时间。他说："时间，就像海绵里的水，只要你挤，总是有的。"时间对任何人都是公正的。有志者，勤奋者，善于去挣，去挤，它就有；亲人，懒汉，不去挣，不去挤，它就没有。鲁迅正是善于挤时间、支配时间的勤奋者。他一生多病，工作条件和生活条件都不好，但他每天都要工作到深夜，第二天起床后，有时连饭也顾不得吃，又开始工作，一直到吃晚饭时才走出自己的工作室，实在困了，就和衣躺到床上打个盹儿，醒后泡一碗浓茶，抽一支烟，又继续写作，鲁迅习惯以各种形式鞭策自己珍惜时间。在鲁迅卧室的墙上挂着勉励自己珍惜时间的对联和最崇敬的人的画像。鲁迅曾说："美国人说，时间就是金钱，但我想，时间就是生命，无端空耗别人的时间，其实是无异于谋财害命的。"鲁迅最讨厌那些"成天东家跑跑，西家坐坐，说长道短的人"。

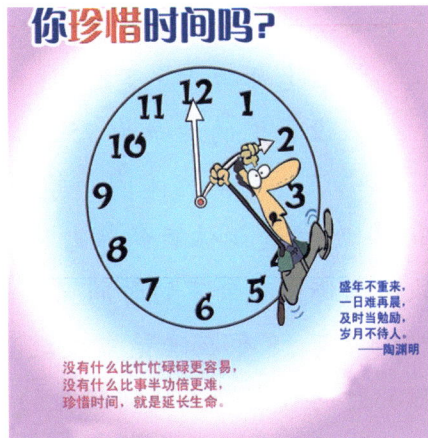

活动三　撕一撕

道具：长纸条

操作说明：

拿着自己的时间人生纸条，让我们撕一撕，看看我们的时间人生是怎样安排的，我们可以管理的是哪一段时间。

请在老师的指导下游戏：

假设我们的寿命为75岁，一天有24个小时，24小时中我们需要睡眠、吃饭、运动、休闲、学习等活动。0～6岁是学龄前的玩耍时间，60～75岁是退休后的养老时间，共计21年，约占人生中的1/3，请把这段时间撕去。余下的时间里，我们每天睡8小时，占一天的1/3。54年中我们将有18年在睡觉中度过，约占整个时间人生的1/5，请同学们再把你的时间人生撕去睡觉耗费的1/5。算一算我们的吃饭、休闲时间，每天合计约1小时，运动休闲、交通走路、聊天交友等每天也算2小时，每天余下的16小时里我们又少了3小时，54年中我们将消耗掉7年时间，约占整个时间人生的1/10，请撕去此部分。每天8小时工作，我们工作38年，工作时间要花去约12年，约占整个时间人生的1/16，请撕去这部分的内容。看看你手中还余下多少？这正是我们的学习时间。

你在静静地聆听中，慢慢地撕去中，感受到了什么？法国的一位作家也曾这样感叹："不能管理时间便什么都不能管理。"如何管理我们可以控制的时间？请记住培根的话："人与人的差别不在八小时之内，而在八小时以外。"

百宝箱

我们羡慕那些在学习和生活中井井有条、效率超群的人，然而，良好的时间管理能力并非天生，而是在日常的学习、工作和生活中慢慢形成的。良好的开端是成功的一半。时间管理能力的培养，第一步便是要形成管理自己学习和生活时间的意识，并逐渐养成管理时间的良好习惯。如果没有一个比较明确的意识，时间就会像朱自清先生说的那样："洗手的时候，日子从水盆里过去；吃饭的时候，日子从饭碗里过去；默默时，便从凝然的双眼前过去。"

在同一时间之内，我们可能面临不止一件事情，也许会面对多项学习任务。这就要求我们合理地分配有限的时间，要求我们对学习任务和其他事情分清主次、抓住重点，有条不紊地处理问题。根据重要程度和紧急程度，可以把我们面临的任务或事情分成五类：

1. 我必须要做，且不能耽误的事情——重要且紧急的事件。

2. 可以让别人帮助做，决不能耽误的事情——紧急的事件。

3. 我必须要做，但有充足时间的事情——重要的事件。

4. 可做可不做的事情——不重要不紧急的事件。

5. 重复、价值不大的事情——可以放弃的事件。

我们学习与做事要分清重点，先处理重要且紧急的事情，然后集中精力和时间去处理那些"重要而不紧急"的工作。这样可以做到未雨绸缪，防患于未然，同时可以让我们避免掉进"拖延"的陷阱里，避免本来不紧急的事最终成为燃眉之急。一般人倾向于优先选择做那些"紧急而不重要"的事，而学习和生活的成功者会花更多的时间做最重要的事，而不是最紧急的事。因此，我们必须学会如何把重要的事情变得"紧急"。只有这样做，才能让我们的工作既有效率又有效益。

专注于"重要而不紧急"事情的方法：

1. 列出一天最重要的三件事情。找出最重要的任务的最好方法就是精拣出你认为一天中最重要的三件事情。问问自己："如果我一天只能做三件事，我将选择哪些重要的事情呢？"

2. 专注于事情创造的价值。衡量学习或工作是重要的还是紧急的，最简单的方法就是思考它们能够带来多少价值。问问自己："做这件事情将为我和别人创造多少价值？"

3.思考更长远。另外一个非常好的衡量你正在干的事情的重要程度的方法，是考虑它将会有多长远的作用。问问自己："它会让我未来的半年或者一年不同吗？三年呢？"

4.重要的事情放在首位。完成最重要的事情的最好方法是在早晨就马上开始，尽管我们会被繁忙的学习缠身，却依然能够在一天结束的时候，感觉自己完成了自己想要做的最重要的事情！

亲子加油站

每个人的生物钟不同，请和爸爸妈妈一起确定自己的最佳学习时间，并把它记录下来。

我的生物钟

正确对待考试

导语

"考，考，考，老师的法宝；分，分，分，学生的命根。"我们每个人一生之中，都要经历无数次大大小小的考试，其实这些考试只是对我们平时成绩的一个总结，在面对考试时，我们既要做好充分的准备，又要正确对待考试成绩。

采蜜园

赵颖是个聪明又能干的孩子，从小学一年级开始就担任班长，学习成绩一直名列前茅，无论是期中期末考试，还是在平时的随堂练习中都表现得特别棒，多次保持年级第一。她被同学们称为"班级学霸"，是同学们羡慕的对象，是老师眼中的好学生，是父母的骄傲，多次被评为区级、市级"三好学生""十佳少年"等。

五年级上学期的期末考试前一周，赵颖突然做了一个梦，梦到自己在考试的时候大脑一片空白，什么都不会做，期末考试考得一塌糊涂。从此以后，这个梦在她的脑海中久久回荡，她开始担忧自己：考不好怎么办？万一考差了，同学们肯定要笑话我，爸妈肯定不喜欢我了，老师也嫌弃我了……她越想越害怕，课堂上精神恍惚，听课效率大打折扣；放学回家也无精打采，完全没有心思复习功课；晚上睡觉也翻来覆去，精神紧张，无法入睡，不断回想：考差了怎么办？连续一周，天天如此，她的内心难受不已。

在期末考试的考场上，试卷发下来后，赵颖看着试卷目光呆滞，手心出汗，大呼：完了，完了，这次肯定考不好了……

智慧岛

对待学习成绩有两种常见的态度是不可取的：一是过分紧张，把每一次考试都看得至关重要，考好了，欣喜若狂；考差了，垂头丧气。二是过分放松，对自身要求太低，考好考坏无所谓，都不放在心上。

一次考试并不是句号，更不是人生的全部。无论考试成绩如何，我们该做的是用更加坚实的脚步继续前进。每一次我们经历的成功与失败，它们带来的回忆和历练对于我们而言都是财富。其实我们应保持一颗"平常心"，考好了，高兴但不骄傲，踏踏实实投入当前的学习中去；考得不好，伤心但不气馁，仔细分析原因。用这样的"平常心"去对待学习，才能摆脱成功或失败对自己心理的负面影响，才能在"忘我"的气氛中发挥自己最大的潜能，才能避免因为激动和失意而浪费时间和精力。

七巧板

活动一　情景扮演

请找一名同学演绎下列情景，其他同学帮他分析，他哪里出了问题？他应该怎么正确对待考试和成绩？

情景一：考试前夜

他躺在床上，翻来覆去，怎么也睡不着，心想：万一这次考差了怎么办？同学们会嘲笑他，老师会从此看不起他，爸妈会怎样对他呢⋯⋯

情景二：考场外

他不停地上厕所，还在心里对自己说："不要紧张""不要紧张"，可手心里却一直冒汗。

情景三：考场上

他拿到试卷后，手总在发抖，看到一道不会做的题，心里就更慌了。

活动二　小组讨论

同学们，有时我们对待考试和成绩的想法，会影响我们考试时的表现，你和小组同学一起讨论一下，下面的一些想法对不对？为什么？

1. 最近几次都没考好，这次考试肯定又会失败。

2. 我已经做好了充分的准备，这次一定能够考好。

3. 考试中遇到不会做的，我就很紧张。

活动三　案例分析

案例：

沙漠中，两位旅行者迷路了，已经行走了好几天，他们都只剩下半瓶水。悲观者绝望地说："完了，完了，只剩下半瓶水了！我活不了多久了！"乐观者却高兴地说："哇，太棒了，我还有半瓶水，有水就有希望！我真是太幸运了！"

结果，悲观者倒在了离水源仅有百步的地方；乐观者却凭着半瓶水，终于走出了沙漠。很多时候，仅仅是换一种心情，换一个角度，便可以从困境中走出来。

乐观的人在每种忧患中都看到一个机会，悲观的人在每个机会中都看到一种忧患。

1. 通过这个故事，你觉得两位旅行者最大的区别是什么？
2. 联系学习（考试），你有何启发？

百宝箱

要想轻松愉快地步入考场，我们要在考试之前做好充分的准备。考前复习时，熟悉的内容一带而过，不熟悉的内容要多复习几遍。考前检查必备的学习用品，保证充足的睡眠。遇到考试紧张时，不妨尝试下面的方法：

1. 双手交叉，反向相握，用力向两边拉，使全身肌肉紧张，同时深吸一口气，屏息一会儿，使全身肌肉慢慢放松，同时徐徐呼气。重复做 3～5 次，可以缓解紧张状态。

2. 深呼吸，同时改变呼吸节奏，要慢，时间要长，吸气时要慢而深沉，呼气时要舒缓平静。

3. 在考试时，当你发现本来牢牢记住的知识此刻却想不起来时：

(1) 不要慌，深呼吸，这样能使心情平静下来。

(2) 联想。这道题不会做，与它相关的题目是什么呢？

(3) 想想看，老师在讲这个知识点时还讲了些什么？在课本中哪一处出现过？

亲子加油站

回顾一下，在我们经历的无数次考试中，哪一次是你考得最理想的？当时你是怎么想的？爸爸妈妈对成绩的看法是什么呢？请和爸爸妈妈一起分享，然后记录下来。

我的看法	爸爸妈妈的看法

第23讲 珍爱生命

导语

　　在你的心目中，最宝贵的东西是什么呢？可能会有很多，如爸爸妈妈、新买的漂亮衣服、好朋友、比赛奖状等。如果大家失去了生命又会怎么样呢？之前和大家提到的这些东西还有存在的价值吗？对，如果没有生命，这一切都是毫无意义的。

采蜜园

　　小美在宠物市场里迈不动腿了，她看中了一只可爱的小兔子，它浑身长满了毛茸茸的白毛，远远看去像一团棉花。一双红眼睛被白毛包住了，嵌在眼窝里，像镶着两颗红宝石。"小美，我们要回家了！"妈妈正催她呢。"我好想把这只小兔子带回家！"小美乞求道。"你连自己的饭都要妈妈喂。养小兔子每天要给它喂食，你能照顾好它？"妈妈半信半疑地问。"我会照顾

好它的，我有时间会陪它玩的！"小美不好意思地说。妈妈拗不过小美，想想也可以培养女儿的爱心和责任感，于是把小兔子买回了家。

小美每天给小兔子喂食都尽心尽力，她了解到小兔子很容易拉肚子，每次洗了的胡萝卜都要晾干了了才给小兔子吃，每天还带着小兔子散步，以免小兔子孤单。平时小兔子的笼子放在阳台上，睡觉的时候小美都会拿进来和自己一起睡。小美真是爱极了自己的小兔子。家人看到小美这么有责任心地照顾小兔子，也感到很欣慰。

一天晚上，小美很累，很早就躺在了床上，想到小兔子还没拿进来呢，可是她转念一想，一天不拿也没关系就睡着了。第二天一早，小美去给小兔子喂食，但小兔子看起来不对劲。"妈妈，小兔子怎么不理我啦！"听到小美着急的声音，妈妈赶过来，仔细看了看，发现小兔子一动也不动，原来小兔子一晚上在阳台上冻死了。小美的眼泪哗哗地流出来，她拼命地摇着笼子，希望能把小兔子摇醒，可是小兔子依然一动不动。小美非常后悔昨天晚上没有好好照顾它。"小动物一旦死去了，是无法起死回生的。"妈妈惋惜地说，"所以活着的时候，我们要好好地照顾它们。世界上的生物包括人的生命也都是有限的，所以生命是可贵的。"

智慧岛

看，小兔子的不幸离去给小美留下了后悔和伤心。同学们，不光是小兔子，植物还有我们人类的生命都是有限的，而且只有一次。小美的小兔子死了，它就永远离开了我们，无法起死回生。人也是一样，我们的生命是很宝贵的。我们来到这个世界是很不容易的，也许还有很多同学对自己的外貌不太满意，有的同学对自己的身高耿耿于怀，还有的同学计较自己的平凡……要知道，你能平安地出生在这个世界上，拥有健康的身体，并能够自由自在地生活是多么值得庆幸的事情。并不是所有的爸爸妈妈都能够如愿怀上一个健康的宝宝，不是每一孩子都能够平平安安地出生。在产妇的不同阶段，有30%左右的胎儿是无法见到这个世界的光芒的。我们生活的这个世界，是五彩缤纷的，生活给了我们很多快乐。我们的生命受之父母，在许多亲朋好友的帮助和爱护下成长，想想我们多么幸福！

七巧板

活动一 生命抉择

洪水来了，风起云涌，紧急关头只允许把你认为人生中最重要的五件东西带上船，你会选哪几样呢？把它们写在小船上。(金钱 手机 电脑 作业 书 地位 电视 眼镜 生命 名誉 玩具 衣服 漂亮)

说说你选择这五件东西的理由。

由于小船负重，随时有颠覆的危险，你被迫舍弃小船上的一件东西(舍弃的用笔划去)，风越来越大，你还得舍弃东西，直到剩下最后一件，这一件东西是什么？小组同学互相说说。再说一说通过这个活动你有什么感受。

活动二 鸡蛋变凤凰

全体同学先蹲下作为鸡蛋，而后相互找同学进行猜拳(用"剪刀、石头、布"的形式)。赢者进化为小鸡，并找同是小鸡的同学再猜拳，猜赢者进化为大鸡，再找是大鸡的同学猜拳，猜赢者进化为凤凰，猜输者退化为鸡蛋。以此类推。

你成功地变成凤凰了吗？在游戏中，你的感受是什么？

_____

活动三 生命到底有多贵

我们每个人的生命中都有一本厚厚的生命账单。这份账单里有我们爸爸妈妈等亲人给我们的爱，也有老师、朋友甚至陌生人的帮助，你的生命账单里有哪些内容？

付出人	明细	
	有价	无价
妈妈		
爸爸		
爷爷		
……		
……		

同学们分享生命账单，谈谈自己的感受。

百宝箱

　　生命是如此珍贵、丰富而又不可重复，不禁让我们肃然起敬。我们该如何对待自己的生命呢？

　　生命之花只开一次，所以在开花的时候，细细地倾听花开的声音。有人说生命是个奇迹，不管在哪个角落，都是那么的不可或缺。你们的重要性对于你周围人而言永远都不会被替代。珍爱生命有很多理由，或者说珍爱生命不需要理由。今天我们沐浴在生命的阳光下，希望我们每一位同学在人生的道路上，都能珍爱自己的生命，享受人生幸福，永远要在心底告诉自己：我很重要，生命很宝贵；生命只有一次，而且去不再来。对于人来说，还有什么比生命更珍贵的呢？我们来到这个世界是不容易的，我们生活的这个世界是五彩缤纷的，有欢笑也有泪水。在人的一生中，我们会经历很多事，有的事甚至会让人感到绝望和非常痛苦，我们可以因为生活而悲伤，因为生活而流泪，但不能因为生活的困境而轻易放弃生命。因为生活可以重新开始，但生命只有一次。

只要我们积极地面对生活，生命也会因为我们的努力而更精彩。如果你们其中有人正因为有些难以解决的问题而经历痛苦的话，就请记住一件事情。现在经历的痛苦不会持续一辈子，而且跟我们宝贵的生命比起来，是那么的微不足道。我们的生命不仅仅是自己最珍贵的宝物，对于所有爱我们的人而言也是同等珍贵的。

亲子加油站

生命宝贵，是因为它只绽放一次，所以我们要学会保护自己的方法，和爸爸妈妈一起学一学，提高自救的能力。

上学、放学路上注意交通安全。

活动时注意安全，以免碰伤。

楼内注意安全，防止在楼梯上滑倒。

心情不愉快时注意调适，避免心情紧张。

遇到坏人要学会逃脱及求救。

你还能想到些什么？写下来。

我想说

告别母校 扬帆远航

导语

转眼间，六年的小学学习和生活即将结束，我们马上就要离开心爱的小学校园，告别敬爱的老师和亲爱的同学们，大家的心里一定涌动着种种不舍与感动吧！让我们一同来回忆小学的快乐时光，晒晒幸福的童年，晒出自信与憧憬，扬起远航的风帆。在这离别之际，我们该如何表达对母校的深情？我们能为母校做些什么呢？

采蜜园

日复一日，年复一年，小学的学习与生活转眼就要过去，童年时代的学习生活，已经为同学们的人生储存了宝贵的财富。此时，即将离开母校的同学们，一定有千言万语涌上心头吧！

晓雯感叹道："还记得，刚入学时，我是一个连话都说不清的'大舌头'，同学们为此没有少笑话我，那一阵子，我吓得连话都不敢再说。唯独，我们的班主任秦老师，发现了我那闪动着灵光的眼神，每天关注我口语发音，放学后专门为我开设口语练习课。慢慢地，我能说一口流利的普通话了，秦老师就鼓励我参加各级各类讲故事、演讲

比赛，全省、全市夺得了多个一等奖呢！因此，我被大队辅导员徐老师选为了大队长，已经担任了三年之久。这一切的一切，饱含着老师们的心血和期许啊！"

蔡杰激动地说："同学们，感谢大家在我病重的日子里给予我的关心和温暖，感谢大家带给我战胜疾病、珍爱生命的勇气。"

黄鑫兴奋地拉着班长的手说："同学们，我们在这里相识、相知，我们在这里为荣誉而战，我们在这里同喜同乐，同摔倒同奋起！童年时光的美好回忆，让我感觉充满力量！"

......

 **智慧岛**

还记得六年前，我们一脸稚气、怀揣憧憬与梦想走进母校大门，对我们来说，一切是那么新奇，那么陌生。如今，六年朝夕相处，我们对母校已是了如指掌。六年，两千多个日日夜夜，我们已与母校融为一体，不久后的离别是那样的不舍，那样的留恋！在这个校园里，我们从一无所知起步，学会了求知，学会了做事，学会了共处，也学会了做人。为了我们的健康成长，学校为我们提供了良好的环境，老师为我们花费了无尽的心血，师生情、同学情在不知不觉中浓厚。母校犹如温暖的朝阳，让我们畅游在知识的海洋，给予我们智慧和力量。

要不了多久，我们即将扬

起理想的风帆，从这里起航，驶向下一个港湾，我们将去新的学校开启初中生活的崭新篇章。我们坚信：母校赋予我们的力量，一定能助力我们新的学习和生活。我们将在它的指引下，披荆斩棘、无往不胜，拥有更为出色的表现。我们将融入新的班级，也会有一个全新的自我，但无论如何，母校带给我们的温情，我们将终生不忘。

此刻，除了良多的感触，我们能做些什么来表达我们对母校的感激之情呢？让我们化伤感为信念，化言语为行动，以为母校争光为荣，为使母校以我们为荣而努力拼搏！

七巧板

活动一　最美记忆

在六年的小学生活和学习中，有哪些最美好的记忆呢？让我们在绵长的记忆中去挑选、记录，如果有照片的，也可以把照片中的故事与同学们一起分享。

1. 最开心的一次活动是：_____
2. 最难忘的一件事是：_____
3. 最认真听的一节课是：_____
4. 校园里最爱去的地方是：_____
5. 最大的一次挑战是：_____
6. 对你影响最大的一句话是：_____
7. 对你影响最深的一本书是：_____
8. 对你影响最大的一个人是：_____

活动二　最美旋律

给下面每项内容涂色，每项十分，涂一个框得一分（从下往上），然后连起来感受一下童年的旋律，并思考自己还需要努力的方向。

学习成绩	道德品质	充满自信	身体健康	人际交往

我需要努力提升的是：_____

我打算这样做：_____

除了上面的内容，我还需要提升的方面是：_____

_____

我打算这样做：_____

活动三　最美留言

请同学们准备一本精致的毕业留言册，让老师和同学们把最美的祝福和话语添上，毕业后，大家也可以从中感受到更多的希望与鼓励。

百宝箱

六年的小学生活历历在目，在这眷恋里，在这匆匆里，在这有悲有喜、不断成长的日子里，我们能为母校做点什么，来表达我们的感激之情呢？我们能为自己准备什么，来迎接明天的挑战呢？

临别之际，能为母校做得太多太多：把我们六年来的精品佳作，制成美文选，捐赠学校图书馆，供学弟学妹们借阅；用我们的真诚为母校的发展献言献策，帮助母校一同成长；以优异的成绩来向母校汇报，凝聚母校的荣光；将母校的真、善、美铭记心中，传播给身边的每一个人……

起航之时，要为自己做的准备太多太多：养成良好的学习习惯，如预习、复习、整理错题等，培养优秀的思维品质；学会制定学习计划，合理安排时间，不至于面对双倍于小学语、数、英的多科目而顾此失彼；调整心态，进一步认识自我，完善自我，积极应对生活与学习，以充分的自信看待挫折，正确面对并学会解决……

告别母校，扬帆起航，为了在未来的蓝图上留下美好而辉煌的一笔，让我们一起努力吧！

亲子加油站

1.把你在小学毕业之际要为母校所做的事情和自己对未来所做的准备与爸爸妈妈交流交流。问问爸爸妈妈在毕业之际，曾经为母校做过什么，为自己做过些什么准备呢？

爸爸的毕业回忆	妈妈的毕业回忆

2.请读读张仲明叔叔的《成长不烦恼》。

参 考 文 献

[1] 田文 . 中小学心理健康教育活动设计与实施 [M]. 北京：清华大学出版社，2014

[2] 张大均 . 中小学生心理健康教育高中三年级上册 [M]. 宁夏：宁夏人民出版社，2011.

[3] 珠珠 . 如何与父母沟通 [EB/OL]. (2011-03-07)[2017-10-31]. http://blog.sina.com.cn/s/blog_4fcf8f850100pgkb.html

[4] 俞国良 . 心理健康：五年级上册 [M]. 北京：北京师范大学出版社，2013.

[5] 俞国良 . 心理健康：五年级下册 [M]. 北京：北京师范大学出版社，2013.

[6] 俞国良 . 心理健康：六年级上册 [M]. 北京：北京师范大学出版社，2013.

[7] 俞国良 . 心理健康：六年级下册 [M]. 北京：北京师范大学出版社，2013.

[8] 张明 . 小学生心理健康教育：心理教师用书 [M]. 北京：中国轻工业出版社，2008.

[9] 山东省教学研究室 . 中小学心理健康教育的理论与实践 (小学分册)[M]. 济南：山东画报出版社，2012.

[10] 张付山，陈燕 . 班级体验式心理拓展活动 100 例 [M]. 济南：山东文艺出版社，2014.

[11] 吴增强 . 小学生心理辅导指南：教师用 (修订版)[M]. 上海：上海科技教育出版社，2007.

[12] 百度文库 . 心理健康课 - 记忆 [EB/OL]. (2016-05-18)[2017-10-31]. https://wenku.baidu.com/view/f506e864d1ff506e864d

1f34693dbef3eb3.html.

[13] 新浪博客.心理健康课《记忆小窍门》教学设计 [EB/OL]. (2007−11−06)[2017−10−31]. http://blog.sina.com.cn/s/blog_4d5205a601000c8u.html.

[14] 新浪博客.学习方法的小故事 [EB/OL]. (2014−03−18)[2017−10−31].http://blog.sina.com.cn/s/blog_dc940ba60101esk9.html.

[15] 百度文库.中学生学习方法测试表 [EB/OL]. (2014−11−01)[2017−10−31]. https://wenku.baidu.com/view/92e9da5c87c24028915fc3d6.html？from=search.

[16] 山东省教学研究室.中小学心理健康教育的理论与实践 [M].济南：山东画报出版社，2012.

[17] 赵小云，郭成.我爱我　学习需要好品质 [M].重庆：西南师范大学出版社，2013.

[18] 孙启，江帆.善于倾听，学会说话 [M].北京：北京工业大学出版社，2016.

[19] 郑渊洁.你从哪里来　我的朋友 [M].天津：天津人民出版社，2015.

[20] 廖康强.父母和孩子一起读的心理学 [M].杭州：浙江大学出版社，2011.

[21] 姜戎.狼图腾 [M].武汉：长江文艺出版社，2004.

[22] 毕淑敏.写给男生女生的心灵之书 [M].北京：中国青年出版社，2015.

[23] 张仲明.成长不烦恼——小学生心理健康读本 [M].重庆：西南师范大学出版社，2013.

[24] 韦志中.小学心理健康教育 [M].北京：中国轻工业出版社，2015.

[25] 张大均，郭成.彩虹积极心理素质训练 (小学)[M].北京：电子音像出版社，2010.

[26] 重市南岸区积极心理学"小橘灯"微信公众号.